JN060596

「大学における教員養成」の日本的構造

―「教育学部」をめぐる布置関係の展開 ―

岩田　康之

学文社

まえがき

　本書は、私が神戸大学大学院人間発達環境学研究科に提出し、博士学位を
得た論文「近代日本の「大学における教員養成」の布置関係─「教育学部」
とその質保証の展開─」（2020 年 3 月 5 日 博士（教育学）博ろ第 3 号）を基に、日
本の教員養成の抱える構造的な諸課題を論じたものである。

　日本では「大学における教員養成」「免許状授与の開放制」原則のもとで多
種多様な大学がそれぞれに入職前の教員養成プログラムを提供してはいるも
のの、私自身を含めそこに関わる大学人の多くは、中央政府（文部科学省）や
地方政府（教育委員会）などとの関係においてある種の「息苦しさ」を感じて
いる状況がある。本書ではその「息苦しさ」を、教員養成に関わる諸アクター
（中央政府、地方政府、養成機関等）の力関係＝「布置関係」に着目し、主に歴
史的な視角と国際比較的な視角の双方から解明しようと試みている。

　とは言え、課題の大きさ・複雑さは私の研究者としての力量を大きく超え、
解明しきれなかった点も多い。さしあたり、私と同様の「息苦しさ」を感じ
ている日本の教員養成のアクション・リサーチャーたちに多少のスッキリ感
と、今後の教員養成の実践や研究への活力を与えられれば幸いである。

　なお、本書は、JSPS 科研費 JP21HP5168 の助成を得たものである。

　2022 年 1 月　数え六十歳の正月に

岩田　康之

目　次

【凡例】

　本書の記述に際しては、巻末に一覧で掲げた文献のほか、政府系機関や審議会等の議事録や答申、会議資料や、諸団体（学協会・政党等）が公表した資料を参照している。それらの大半はウェブサイト上からダウンロード可能であるが、そうした諸資料にアクセスするウェブアドレスの移動が頻繁にあり、本書の脱稿以降の校正段階でもたびたび再確認の要が生じている。また、同じ資料にアクセスできるサイトが複数存在する（複数の会議資料として同一のものが用いられている）ケースも少なくない。

　こうした事情を踏まえ、本書の脚注では基本的に資料名と発出主体および日付を記すにとどめ、ウェブアドレスの記載は割愛した。なお、省庁・団体・プロジェクト等についてはウェブアドレスを記してあるが、これらは全て本書の最終校正時（2022 年 2 月 3 日）にアクセスして確認している。

序章

日本の「大学における教員養成」
―何が課題か―

　この章では、日本の「大学における教員養
成」に関わる諸課題を概括するとともに、そ
うした諸課題を構造的に解明していく際の視
角と方法について述べる。日本においては
「大学における教員養成」が原則ではあるも
のの、中央政府（文部科学省）・地方政府（教
育委員会）等との力関係（布置関係）に「歪み」
が生じており、それは教員資質に中長期的な
影響を及ぼす。そうした布置関係の読み解き
には、歴史的な経緯の把握と、特に東アジア
に注目した対外比較の視点が有益な示唆を
与えてくれるのである。

1. ターゲットとしての「教育学部」

1.1　日本の教員養成政策における「歪み」

　近年の日本の教員養成政策は、社会状況や教育課題の変化に伴う学校教育の変容を踏まえて、その担い手である教員のレベルアップを重要課題として提示し、そのために教員養成のプログラムを提供する大学の改革を要請する、というロジックを基調として行われてきている。

　たとえば 2016 年に発足した「国立教員養成大学・学部、大学院、附属学校の改革に関する有識者会議」(文部科学省高等教育局教員養成企画室)[1] においては教員養成系大学・学部[2]の改革課題と対応策がさまざまに検討されているが、その「主な課題」[3]の一つとして、「教員養成大学・学部が必ずしも教職に意欲がある学生を入学させることができていない」ことが指摘され、それへの「期待される対応」として、「国立教員養成大学・学部は、高校生の大学での授業体験の実施や、面接試験で教員志望を確認すること等を通じて、教職への熱意や適性が高い学生を入学させること」が挙げられている。

　この「教職に意欲がある学生を入学させる」という方向性は、戦後教育改革期に「大学における教員養成」原則が確立するに至る議論[4]のベクトルとは正反対になっている。この転換はいかなる経緯で生じたのか。

　あるいは、「教職に意欲がある学生を入学させる」ことは、基本的には高大

---

1) 文部科学省ウェブサイト。http://www.mext.go.jp/b_menu/shingi/chousa/koutou/077/index.htm

2) 教員養成課程 (教員免許状取得を卒業要件とする教育組織) を持つ大学。その多くは旧制の師範学校を母体とする。国立 44 大学のほか、私立 4 大学 (秀明・常葉・文教・岐阜聖徳学園) がある。

3) 国立教員養成大学・学部、大学院、附属学校の改革に関する有識者会議 (第 7 回・2016 年 4 月 24 日) 資料 2「第 6 回までの意見をベースとした主な課題と対応策案」。

4) たとえば教育刷新委員会第 32 回総会 (1947 年 4 月 18 日) に第八特別委員会・務台理作主査の提案を基に「教育者の養成を主とする学芸大学」という文言をめぐって議論がなされた際に、天野貞祐委員は「この教育者の養成を主とするという意味は、決して教育者になる者だけを入れるというのではなく、いろいろの人も入り得る。従って名前も教育大学というとやはり教育者だけが入るというようになるから、もっと広い気持ちを持って学芸大学と言おう」と引き取っている。

接続（アーティキュレーション）の課題であり、大学側の改善と同時に高等学校のキャリア教育の改善も併せ行うべきものであろうに、初等中等教育局の方でこの課題に対応する「有識者会議」はなぜ設けられないのか。

　どうも、現実の教育課題はさまざまな要素が複雑に絡み合って生じているにもかかわらず、政策の検討においてはそうした複雑な背景の解析を行わない（行い得ない）まま、とりあえずの改善策を提示して実行に移す、ということがここしばらく続いており、教員養成プログラムを提供する大学（教育学部）がそうした施策のターゲットにされる傾向が定着しているようなのである。

　この傾向はいつ頃から始まったのか。国立の教員養成系大学・学部に関していえば、1980年代以降の抑制策に伴って新課程（教員免許状取得を要件としない課程＝第4章に詳述）を設け、大学院を増設した。その後この抑制策は2005年に教員養成分野についてのみ撤廃され、以後は新規参入の一般大学との競争的環境の中に巻き込まれることになる（第6章に詳述）。

　問題は、こうした施策において生じる「歪み」が今後の教育現場の担い手の資質形成に与える影響である。近年の日本では、教員養成プログラムを提供する大学は、採用・人事行政を担う地方教育行政当局（主に都道府県および政令指定都市の教育委員会）との関係において均衡を欠いており、中央政府（文部科学省）の施策もその不均衡を前提になされている。たとえば教員養成機関を対象として2005年度から始められた「教員養成GP」（第5章に詳述）の「審査方針」では「教員の採用側の意向を十分に踏まえた取組であること」等が示され、また申請に当たっての「留意事項」に「申請書には、教育委員会や学校等から提出された当該教育プロジェクトに関する意見書を添付してください」と示されている（岩田 2006b:84-85）。あるいは、法人化以後の国立大学における中期目標の設定に際しても、教員養成系大学・学部に関しては教員採用率の数値目標をKPI（Key Performance Index）として掲げることが恒常的に行われているものの、逆に各都道府県や政令指定都市の採用行政の在り方について中央政府がKPIの設定を求める施策はない。こうした「歪み」ゆえに、各大学で提供される教員養成プログラムは、中央政府の施策や地方政

府の採用行政に方向づけられ、その中で教員となる者の資質形成が行われていくことになるのである。

1.2　教員養成カリキュラムと教育学の変質

　1988年・1998年・2007年に相次いで改訂された教育職員免許法は、現実の教育課題に対応したカリキュラムコンテンツの増加を「教職に関する科目」の必要単位増という形で教員養成プログラムを提供する各大学に求めるとともに、学校現場や教育行政での職務経験を持つ大学教員（実務家教員）による指導の比重を高めることを要請してきている。もともと日本の大学における教員養成と教育学、そして教育学部との関係は錯綜しており（第3章参照）、教員養成プログラムを含む学士課程のカリキュラムにおける構成原理のコンセンサスは得にくい状況にあった。そうした中でこのような政策的要請がなされることで、大学における教育学教育は日本の学校（一条校）での同時代的な教育実践に直結する内容に偏する傾向を生み、教育学の体系に則ったものから現実の教育課題に対応したそれへと変質を遂げていくことになる。しかも学生たちの関心もこの種の実践現場との関連性の強い科目に集まりがちになってくる（岩田ほか編2013：132）。こうした変化は、教員養成プログラムを提供する大学、なかでも教員免許状取得を卒業要件とする教員養成系大学・学部とそこで生み出される免許取得者のありように大きく影響する。

1.3　日本型「開放制」と布置関係

　ただし、上述のような教育学の変質が特に教員養成系大学・学部に生じたことの伏線には、1980年代以降の新課程の創設以来の経緯もある。教員養成課程の一部分を削って教員以外の教育関連職（日本語教育・社会教育等）を想定した新課程を設ける際、従前の教育学関係の教員のうち、日本の一条校での実践から比較的遠い分野を専門とする者が後者の教育組織に移ることで、従前からの教員養成課程における教育学が「学校教育学」的なものに傾斜したという経緯は看過できない。日本の「大学における教員養成」に生じてい

る現代的な課題はこのように錯綜した背景を持っており、課題一つひとつを丹念に検証するモノグラフの蓄積によっては解明が困難な状況になっている。

それゆえ本書では、教員養成をめぐる各アクター間の相互関係＝布置関係に注目して、その日本的構造を解明しようと試みるが、その際まず注意すべきは、「開放制」の日本独特の展開過程（第5章に詳述）と、高等教育との錯綜する関係（第2章に詳述）であろう。

教員養成システムにおけるいわゆる「開放制」は、日本以外にも相当に見られる。東アジアを例にとっても、中国（本土）においては2001年に国務院が打ち出した方針を機に、教員養成を主たる目的とする師範院校（師範大学等）以外の大学出身者にも教員資格取得のルートが開かれた。また韓国における中等学校教員養成は目的養成機関としての師範大学以外にも一般大学の教育学科や教職課程などにおいても行われている。

ただし日本の「開放制」の大きな特徴として、教員養成を主目的とする教員養成系大学・学部以外の比率が高く、しかも一般大学の中にそうした大学よりも長い歴史や伝統を持つ大学が相当数存在することがあげられる。2018年度において日本の大学（学士課程）は756校、うち612校が課程認定を得ているが、そのうち教員養成系大学・学部は48にすぎない[5]。また、「開放制」は旧制度下の中等学校教員無試験検定制度（船寄ほか2005）に淵源を持ち、そこでの指定学校・許可学校は教員養成系大学・学部の成立よりも以前から高等教育機関として教員養成を担ってきているのである。

こうした状況ゆえに、21世紀初頭より取り入れられるようになった新自由主義的な高等教育政策の、日本の教員養成に与える影響も錯綜している。教員養成系大学・学部のみならず、多様な形態で設置されている一般大学の教員養成教育について、組織ごと・プログラムごとに統一的な質保証のシステムを検討することは極めて困難であり、このことが、日本における教員養成

---

5) 対して中国（本土）においては、2018年度の大学数（学士課程）1,245校のうち師範院校は156校（13.3%）であり（中国教育統計年鑑2018年版）、しかも第2章に述べるように特に教育部直轄の6大学のステイタスは比較的高い。

の質保証策が、もっぱら課程認定行政の運用強化に依拠して進められるとともに、布置関係における大学の劣位を産んでいると捉えられる。

それゆえ、日本の「大学における教員養成」の構造的解明においては、「質保証」との関連における「開放制」の問い直しが前提となるのである。

2.「大学における教員養成」の日本的構造の解明へ

2.1　先行研究の動向

2.1.1　通史的研究

上記のような課題に関わっての先行研究は、相当な蓄積を持っている。代表的なものとしてはまず、通史的な研究があげられよう。

山田昇の一連の研究（山田 1993 ほか）は、日本の教員養成政策の論議と実際の教員養成カリキュラムの展開を通史的に丹念に追ったものであり、特に教育刷新委員会における教員資質に関する議論とその後の「大学における教員養成」の展開過程に関する分析の精細さは際立つ。また、その後の TEES 研究会による共同研究（TEES 研究会 2001）は、「開放制」原則の基で多様な高等教育機関において提供されている教員養成のカリキュラムの実態を、大学類型（教員養成系単科、総合大学の教育学部や学芸学部、私立大学等々）ごとのケース・スタディを通じて検証しており、その分析視角は今日においても示唆的である。また、ここで用いられている「教育学部」＝「大学の中で教育学研究・教育学教育・教員養成のうち少なくとも一つを担うセクション」という概念（TEES 研究会 2001:17）は、日本における教員養成の状況を解明するうえで合理的であり、本書も基本的にはこれを援用する。ただし、山田や TEES 研究会の分析は、いずれも 1970 年代までを対象としており、その後の日本の教員養成政策の動向やそこでの布置関係に及んではいない。

土屋基規は 21 世紀初頭までをも視野に収め、主に制度的・政策的な動向に関しても批判的・構造的な分析を行っている（土屋 2017）。ただし、制度・政策の結果としての教員資質の問題やそれに対する質保証策の展開といった課

題に踏み込むものではなく、諸アクター間の力関係＝布置関係に着目した研究でもないため、戦後日本の大学における教員養成がなにゆえにそのような経緯をたどったのかという構造的解析としては画竜点睛を欠く感がある。

2.1.2 研究視角・研究方法論

　教員養成の研究視角や方法論に関するものとしては、日本教師教育学会の第7期（2008-11年度）課題研究において、教師教育・教員養成研究に関わる多様な方法論の検討とその課題の整理が行われている【表序-1参照】。

表序-1　教育学と教員養成：二つのアプローチ

教育方法学的アプローチ		教育経営学的アプローチ
個別的な場面での力量形成	着眼点	教員総体の水準確保
授業研究・実践研究 教科教育	研究視角	教育行財政・政策研究 養成・研修システム
研究的上昇志向（教師個人）	親和的な意識	経営・管理的発想（学校組織）
教員総体への関わりの弱さ	弱点	教科教育への切り込みの弱さ

出典：岩田（2011）より作成。

　ここでは、さまざまな方法論が錯綜する状況を、主に教育方法学的アプローチ（個別性）と教育経営学的アプローチ（システム全体）に大別し、教師教育研究（個々の教師の力量形成に即した研究視角）と教員養成研究（主に入職前の、システムとしての教員全体の確保に着目した研究視角）の区分がなされている（岩田・三石編2011:11）。本書では、こうした整理を踏まえて、主に「教員養成」の構造的課題の析出を試みていく。

2.1.3 「布置関係」からの構造的解明

　「布置関係」への着眼という点では橋本鉱市らによる専門職養成の日本的メカニズムの解明を試みた研究（橋本2009ほか）はたいへん示唆的である。橋本らの研究は、医師・法曹・大学教員・看護師・教員・技術士・薬剤師・管理栄養士・臨床心理士・社会福祉士・ビジネスプロフェッショナルといった諸分野の専門職に関する日本の養成システムを通覧し、それらを「国家・政府」「市場」「高等教育機関」の三者のパワーバランスの中で捉え、その中での諸アクターの関わりと、レジーム内の権力バランス等に着目して分析を行って

いる。ここで橋本らは専門職養成を横断的に捉えつつ、それらと政府・市場との力関係において解析を試みている点で大いに参考になる。

　教員養成に焦点づけて、養成のあり方とその規定要因としての国家の関与に着目した構造的な研究としては、中島太郎をはじめとする東北大学の教員養成制度研究会によるものがある。ここでは、日本のほか、米国・英国・西独・仏国・ソ連の計6ヵ国の教員養成について、初等教員養成・中等教員養成それぞれにシステム・カリキュラムのありようを比較し、その構造を論じている。この中で特に、国家関与のありようを「教員養成の主体と計画性」（開放制型／地域機構型／計画養成型）・「需給調節」（開放制型／閉鎖制型）・「資格授与の過程」（単位制型／資格試験型）・「教育内容の規制」（免許法規型・試験基準型・直接規制型）に類型化（中島編 1961：357-362）している点は今もなお示唆的であり、本書のモチーフにも重なる。

　本書は、こうした先行研究で得られた知見を援用しつつ、21世紀の日本の「大学における教員養成」の構造に焦点化させて解明していく試みでもある。

2.1.4　歴史研究と比較研究

　日本の教員養成システムの成り立ちと、その独自な展開過程を検討しようとする際、有益な視点を与えてくれるのが、比較研究と歴史研究である。前者に関しては、Ruth Hayhoe が、近代国家における「大学」と「教員養成（師範学校）」の二者間の葛藤を【表序-2】のように整理している（Hayhoe 2002）。近代初期より、「大学」は教員養成を少なくとも部分的には担っていたものの、両者間の理念的葛藤は根深いものであることが看取できる。さらにこの整理を踏まえて Hayhoe は両者を止揚する触媒たり得るものとしての中国の「師範大学」（Normal Universities）に着目している（Hayhoe and Li 2010）。近代中国における師範大学の成立に関わっては、北京師範大学を主な事例とした経志江の研究（経 2005）がなされており、これらと、船寄俊雄らの近代日本の中等教員養成史に関わる一連の研究（船寄1998ほか）を付き合わせてみることで、「大学における教員養成」の日本的構造を歴史的に素描することがある程度可能になる。

表序-2 「大学」と「師範学校」

大学	vs	師範学校
理論		実践
専門的で体系づけられた知識		総合的な学習領域
価値中立的な知識		道徳的に方向づけられた知識
どちらかと言えば没個性的な環境	⇔	強い師弟関係における相互作用
知的好奇心や疑問のリベラルな追求		行動と現場に即した知識
学問の自由と自律性		政府による統制とアカウンタビリティ
深い理解と長期的な変化を志向		高度な実践に向けたワザの追求

出典：Hayhoe（2002）より訳出。

　ただし、こうした「大学」と「教員養成」に関わる比較研究・歴史研究の蓄積は、基本的には中等学校の教員養成にフォーカスしたものであり、日本の師範学校のような、近代初期において大学未満のレベルで初等学校の教員養成を主に行ってきた教育機関を大学としてどう位置づけるか、というその後の論点に直結するものではないということに注意が必要である。

2.1.5　初等教員養成の教育組織と「領域」論

　このことについては、早くから横須賀薫が指摘していたところでもある。横須賀は「教員養成教育を問題として考察するにあたっては、教員養成教育一般を問題としてはならない。必ず、小学校教員養成の問題として論じなければならない」（横須賀1976：60）とし、旧制師範学校を母体とした教員養成系大学のカリキュラムの構成原理を、主に小学校の教員養成のそれを軸に検討してきている。ここで横須賀が教員養成を大学の一つの「機能」として見る捉え方（機能論）を「教育実践における技術的体系性の否定ないしは軽視をみちびくおそれが強い」（横須賀1976：67）と批判した点は注目に値する。

　しかしながら、横須賀の論には少なくとも二つの、その後に尾を引く問題が含まれている。

　その一つは、小学校の教員養成を行う際の「教育実践における技術的体系性」の捉え方に関わる問題である。後に（主に第3章で）検討するように、教員養成において求められる教育実践の科学を、学問研究のディシプリンと結びつけて捉える発想は、日本の大学においては充分ではない。

　このことは第二の問題に関わる。つまり「教育実践における技術的体系性」

を学問として捉える発想が不充分であるがゆえに、「大学における教員養成」は原則とされながらも、教員養成が大学の教育研究を形作る独立した学問分野であるという認知につながっていないのである。これについては（第2章および第3章で試みるような）比較研究あるいは歴史研究的視点を持ってみたときに、日本の特異性が明らかになるし、そのことが近代、特に戦後の政策動向の中で日本の「教育学部」が翻弄される原因であることも見えてくる（第4章で検討）。

2.2 本書の分析視角と方法
2.2.1 日本の「教育学部」の構造的解明へ

　以上のような先行研究を踏まえ、本書では主に日本の大学（学士課程）での入職前の教員養成について以下のような分析視角・方法を採ることとしたい。

　まず前提として、日本の教員養成の原則である「免許状授与の開放制」を一つの軸として検討を進めていく。「開放制」にはさまざまな含意がある（第5章参照）が、主に制度論上の概念として用いる。そうすることで、日本型の「開放制」原則下での実際の教員養成プログラムがどのように展開され、教員資質にどのように影響するか、という課題に切り込んでいく際の足場となる。

　また、日本の教員養成システムを検討する際、初等（小学校）教員養成と中等（中学校・高等学校）教員養成における差異や、教員養成系大学・学部とそれ以外のいわゆる一般大学・学部との差異をどう捉えるか、という点も、重要な論点である。この点について、本書では、可能な限り「教員養成を行う日本の大学」を統一的に把握するスタンスを採る。そのため、基本的にはTEES研究会の言うところの「教育学部」＝「大学の中で教育学研究・教育学教育・教員養成の少なくとも一つを担うセクション」を用いて、文字どおりの教育学部だけではなく、さまざまな名称や形態をとって教員養成プログラムを提供している（その多くは教育学の研究・教育を併せ行っている）組織を、基本的に「教育学部」と総称する。ただし、たとえば第4章（国立教員養成系大学・学部）や、第7章（小学校教員養成への新規参入プロバイダ）のように、特

定のタイプの「教育学部」にフォーカスした解析も部分的に行っていく。

2.2.2　教員養成の「質保証」と「東アジア」

　そのうえで、本書では高等教育の中における「教育学部」で行われる入職前の教員養成教育の質保証に関わる布置関係の解明を試みる。教員養成においては各養成機関（大学）が「一定レベル以上の教員を安定的に供給できる体制[6]」を維持する体制をどう構築するかが重要な要素であり、中央政府・地方政府による質保証策の有効性もそこから問われてこよう。

　その際、特に東アジア諸地域（中国（本土[7]）・香港・台湾・韓国等）との比較が有効な手立てを与えてくれる。それは主に以下の三つの事情に根ざす。

　第一に、教師像の問題がある。第1章に述べるように、東アジア諸地域の初等・中等教育を担う者はいずれも漢語で「教師」と称され、英語のteacher とは異なる性格を持つ。英語の teacher が教授行為（teach）をもっぱら担うのに対して、東アジア諸地域における教師たちは、単に専門的な知識や技能を教えるだけではなく、人格的なモデルであることを強く求められ、実際の職務も教えること以外の面に及ぶ。当然この背景には、豊富な経験知と学徳の積み重ねを持った年長者を「師」として崇める儒教や仏教の影響があり、それは唯一絶対の神から専門的な知識を託された（神託＝profess）存在である専門職（profession）としての teacher とは異なる。それゆえ、教員養成の「質保証」を行う際の目標も独自の性格を帯びることになる。

　これに関わる第二の問題として、東アジアの特に大都市圏においては、塾・予備校等の、学校外で教育サービスを提供する組織[8]が多く見られ、こうした事情が学校教員たちのアイデンティティに影響しているという問題もある（ブレイ 2014）。進学準備のための学習指導の相当部分がこうした学校外の組織（多くは営利企業）によって担われる一方で、初等・中等学校の教員たちは各

---

6) 日本教育大学協会・学部教員養成教育の到達目標検討プロジェクト「学部（学士課程）段階の教員養成教育の組織・カリキュラムのあり方について（論点整理）」（2009年3月）p.4。
7) 北京政府の直接統治するエリア。中国においては通常「大陸」と称されるが、本書では英語のmainland の訳でもある「中国（本土）」の表記をあてる。
8) 中国（本土）においては2021年7月に政府の打ち出した「双減」策（宿題と学外教育の軽減）を機に学習塾業界に大きな変動が生じており、今後が注目される。

並列型（主にアジア）　　　　積み上げ型（主に欧米）

学位プログラム	教職プログラム

教職プログラム（集中）
学位プログラム

図序-1　学位プログラムと教職プログラムの関係
出典：高野（2015）より作成。

教科の学習指導以外の業務の比重を増すことになり、教員の過労や精神的ストレスの増大といった課題を生むことにもなる。[9]

　さらに第三の、最も大きなポイントは教員養成システム自体の近似性にある。東アジア諸地域における教員養成教育は、おおむね日本の「開放制」に近いシステムの中で行われており、いわゆる「師範大学」「教育大学」等の教員養成を主目的とした機関以外にも、多様な高等教育機関がさまざまな形で教員免許状取得に至るプログラムを提供している。なおかつこれら諸地域では、入職前の教職プログラムが、学位プログラムと同時並行的に設けられる「並列型」（concurrent）[10]が主体となっている。

　これに対し、ヨーロッパやアメリカの多くの地域では、学位プログラム修了後に教職プログラムが短期集中的に提供される「積み上げ型」（consecutive）が主体となっており、その点でも趣を異にする【図序-1】。

　つまり、東アジア諸地域においては、学士課程（あるいは修士課程）のカリキュラムと一体化した形で、同時並行的に教員養成プログラムが提供される[11]

9）香港大学に2002年に設置された香港賽馬会防止自殺研究中心（The Hong Kong Jockey Club Centre for Suicide Research and Prevention）の主な取り組みの一つに、教員たちの精神的ストレスから来る自殺の防止のためのプロジェクトがある。大和（2012）参照。

10）「並列型」（concurrent）・「積み上げ型」（consecutive）については、高野（2015）に詳しい。岩田（2015）においても同様の整理を試みている。

11）香港におけるPGCE（第6章参照）や、韓国の教育大学院のように学卒後に集中的に提供される教員養成プログラムはあるが、それらの比重は比較的低い。

点に特質がある。それゆえ、教員養成[12]の質保証を検討していく際には、同時並行的に提供される学士課程等の学位プログラムとの関連を視野に収めていく必要が生じるのである

3. 本書の構成

　ここまでに見てきたような、日本の「大学における教員養成」に関わる諸課題と先行研究の状況を踏まえ、本書では主に (1) 近代の普通教育の担い手としての教師像、大学と教員養成・教育学の在り方をめぐる歴史的背景からの検討と、(2) 日本特有の「開放制」と教員の「質保証」に関わっての比較研究的視点も含めての検討との、二つの方法論による解析を試みる。これは日本の教員養成をめぐる布置構造をタテ軸（歴史）とヨコ軸（比較）の座標に位置づける試みでもある。

　構成は以下の通りである。

　第1章では、近代日本の教師像を辿ることを通して、以下の各章で検討していく日本の「大学における教員養成」に関わる諸課題の基層を確認しておく。日本においては、21世紀に入って以降の教員養成改革論においてもなお、前近代からの「師」の含意が通奏低音をなしており、そのことが大学との関係にも投影しているのである。

　続く第2章では、その教員養成を行う「大学」のありかたについて、主に香港教育大学と東京学芸大学を事例として、比較研究的視点から理論的諸課題の析出を試みる。ここでは高等師範学校の大学昇格をめぐる論争の日中比較、および初等教員養成機関の大学昇格をめぐる日港比較を通じて、日本の「大学における教員養成」をめぐる布置関係とアカデミズムとの関連性を検討していく。ここで浮かび上がるのは、日本の「大学における教員養成」を行う際の、その大学におけるディシプリンの課題である。

---

12)「教員養成」という語は漢字文化圏に共通するものではなく、中国（本土）では「教師教育」「師範教育」が、台湾では「師資培育」がよく用いられる。

それに関わって、第3章では、戦後改革期の日本における「教育学部」と「教育学」の葛藤を検討する。日本においては、教育学が内在的に発展する以前に政策的要請（戦時下の官製学会、戦後の占領軍など）による「外圧」を契機として組織化された面があり、教育学と教員養成の関係が整理されないまま現在に至っている状況が読み取れるのである。

　これらを受けて第4章では主に1980年代以降の日本の教員養成政策と、その中での教員養成系大学・変質の実相を、教育組織の変遷に注目して解析する。日本の教員養成はこの間、大学院レベルにアップグレードしつつはあるものの、それは「大学における教員養成」の拡大という点でさまざまな課題を含んでいるものであることがわかる。

　合わせて第5章では、新自由主義を基調とする日本の教員養成改革において「開放制」がどう捉えられているのかを検証し、これの再定義を試みるとともに、それとの関係において「質保証」策の動向の検討を行う。日本においては実質的に課程認定行政以外にネーション・ワイドな質的管理が行われていないことが、近年の動向にも投影しているのである。

　続く第6章では、そうした「質保証」策に関わって、教員養成における中央政府（国）・地方政府（教育委員会）・大学の三者の布置関係について、東アジア諸地域との比較からその特質を明らかにする。

　そのうえで、第7章において、21世紀初頭に至る日本の教員養成の「質保証」策の展開を、特に「規制緩和」との関係で検討し、日本の「大学における教員養成」の変質を析出する。

　これらを踏まえ、終章では、改めて日本における「大学における教員養成」のありようを問い、その日本的布置関係を踏まえた今後の展望を述べることとしたい。

第1章

教員養成論の日本的位相
―近代の教師像を辿る―

　この章では、近代日本の教師像と教員養成制度を概括することを通して、教員養成改革における「日本的」特質を素描し、次章以下で「教育学」「教育学部」「教員養成」について検討していく前提となる基本概念の確認を試みる。近年の日本の教員養成改革は、新自由主義を基調として進行しつつも、前近代以来の日本の「師（師範）」という語につながる教師像が通奏低音のように続いており、そのことがある種の錯綜状況を含んだ「日本的」特質を形成しているとも見られるのである。

1. 近代日本の教師像：その特質

1.1 「教師」と「教員」、「教師教育」と「教員養成」

　日本の近代学校制度は 1872 年の「学制」を端緒とするが、少なくとも明治中期 (1900 年頃) までは、「教師」という語と「教員」という語との間には明確な使い分けがなされていた。たとえば佐藤秀夫は、明治初期の高等教育機関において招聘された御雇外国人教師のみが「教師」とされ、他の教授要員が「教員」とされたという事実を指摘し、その背景として、「教師」＝「『真理』を能動的に提示する人」であるのに対し、「教員」＝「受動的にその伝達あるいは普及にのみつとめる」「多数にしてごく普通な教授担当者」であるという意味的な違いがあったと述べている (佐藤 1974：31-32)。

　この違いは、「師」と「員」の漢字の意味の違いに相当している。「師」の原義が「帀」すなわち戦闘の際に軍勢を率いる目印となる鉾にあることから、「師」は他の者を率いる指導力・統率力を意味するものである。一方、「員」は「貝」つまりは貨幣の原形を部首とし、また「人員」「定員」などの熟語に見られるように数量的な意味合いがある。

　今日においてはこのような使い分けはあまり意識されてはおらず、教授担当者 (教えることを生業とする者) 一般を言い表す際にも「教師」の語は用いられる。しかしながら、前述の使い分けの名残はたとえば、日本の公教育システムにおいて教職を担う者をその資質の面から検討・批判する際に「教師」の語が多く用いられ (「熱血教師」など)、一方社会的・量的な文脈からそのありようが問われるときに「教員」の語が用いられる (アンケートの職業欄の選択肢など) 傾向があることなどに依然としてみられる。

　このことは、「教師教育」と「教員養成」という二つの語が、教職を担う者の職能成長や、そのための教育を言い表す時に併用・混用される情況にも通じている。今日の日本においては、「教員養成制度」「教員養成系大学」など、システムの面から (主に公教育システムとしての学校において) 教職を担う者を

確保する営みを言い表す時に通常「教員養成」という語が用いられ、一方「教師教育」という語は教授担当者の主として個々の力量成長の質的な側面が問われる文脈で用いられる。ただし、この概念の区分はさほど明確なものではなく、そのために日本の教師・教員をめぐる議論の錯綜を生んでもいる。

　ある一人の教師がいかに優れた知識・技能を持ち、卓越した教育実践を行い得たにしても、その教師の知識・技能を教員一般に共有させる手だてがない限りは、公教育全体の質の向上には直結しない。しかしながら、限られた優秀教員に対する報奨策が、「教員の資質向上」として打ち出されるなど、近年の改革論議においてもこうした錯綜状況は続いている。

　以上のような状況を踏まえ、「教員（養成）」は制度的・量的な面、「教師（教育）」は質的・個別的な面をそれぞれ指すというニュアンスの違いをまず確認してから近代日本の教師像を振り返ってみたい。

1.2　「師」の含意：「師匠」と「師範」

　近代以前の日本においては、茶道・華道・武道などの伝統的な技芸を後進に対して教授する者を「師匠」と呼び習わしていた。「師匠」（教授者）は「弟子」（学習者）と対をなし、その「師匠」－「弟子」関係には日本の伝統的な教育観が投影されている。それは、単に技芸を伝授するというのみならず、「道」すなわち生き方の伝授という側面を色濃く持っていた。

　そしてその「師匠」のうち、当該の技芸に関わる流派において一定水準の指導者として認められた者が「師範」である。この「師範」の称号は現在もなお、日本の各種武道の道場等で用いられている。

　近代学校制度の創設時においてもこうした「師匠」「師範」の含意は根強く、学校で教授を担当する者に対して単に知識技芸のみならず、人格面においても後に続く者の「範（＝お手本）」となるにふさわしい資質が求められた。第2章に見るように、近代初期の師範学校（初等教員養成）・高等師範学校（中等教員養成）はいずれも大学よりも格下の教育機関として位置づけられた。そのことと、師範教育の中で国家主義的な道徳性を帯びた教育内容とが相俟って、

日本では視野が狭く型にはまった教師を「師範タイプ（師範型）」と批判する
向きが生じた。

　この「師範タイプ」を克服すべく戦後改革期以降は初等教員養成も含めて
「大学における教員養成」および「免許状授与の開放制」の二つを大原則とし
て、少なくとも制度的には学識ある専門職としての教員養成が目指された。
しかしながら、依然として教師となる者に人格的な資質を求める向きは強く、
それが日本の教員たちの業務のいわゆる「無限定性」「無境界性」につながっ
ている。

　のみならず、21世紀の教育改革の論議にも、こうした教師像の影響は随所
に見られる。たとえば、2008年度より発足した「教職大学院」は、アメリカ
のプロフェッショナル・スクールにヒントを得て、教員養成分野の専門職大学
院として制度設計されたが、そこで共通に学ぶべき5領域の一つとして「学
校教育と教員の在り方」が設けられている。この具体的な立案を審議した中
央教育審議会（初等中等教育分科会教員養成部会専門職大学院ワーキンググルー
プ）では当初、「教育課程の編成、実施」「教科等の実践的な指導方法」「生徒
指導、教育相談」「学級経営、学校経営」の4領域のみを共通に設定してい
た。[1] しかしながら、その後の審議の中で「教職倫理」「ヒューマンスキル」「教
師の人間学」等を求める意見がワーキンググループ内部からも、親委員会と
しての初等中等教育分科会教員養成部会内からも出され、第5の共通領域「学
校教育と教員の在り方」が追加された[2]という経緯がある（岩田2007：39）。日
本の専門職大学院で養成される教師たちには、学部卒の教師たち以上に、生
徒や他の教師たちに人格的モデルを示せることが求められていることの現れ
が、このようなところにも見られる。結果的に、共通領域が増加した分だけ、
各大学の裁量に応じて特色あるカリキュラムを主体的に構築する余地は減少
したのである。

---

1) 教員養成部会 専門職大学院ワーキンググループ（第6回）資料5-1「（補論）専門職大学院にお
　けるカリキュラムについて（案）」（2005年6月6日）。
2) 教育養成部会専門職大学院ワーキンググループ（第9回）資料4 「教職大学院（仮称）における
　カリキュラムイメージ作成に当たって（論点例）」（2005年9月13日）。

1.3 「師」と「専門職(profession)」

このように、前近代からの日本の教師像としての「師」の含意は、今もなお教育改革のありように影響していることがわかる。その「師」とは、欧米の教師について語られる際の「専門職（profession）」という概念とは基本的に相容れない部分を持っており（岩田 2008：43-44）、むしろ陳永明が日中共通の教師像として指摘した「師表としての教師」という「儒教的師道観[3]」に通じるものとして捉える方が実態に即している（陳 1994：149-152）。

佐藤学によれば、「専門職（profession）」とは、高度に知的な業務に従事することに関しての神託（profess）を基盤とする存在であり、それゆえ「専門職」としての教師はある限られた分野の高度な知識・技能を神から託されるという形で権威づけられる（佐藤 2005：102）。しかしながら、日本（を初めとする東アジアの諸地域の多く）においては、もとよりキリスト教が背景になく、したがって教師の権威は神託に裏打ちされるものではない。

むしろ日本の教師については、儒教あるいは仏教を基にそのありようを捉える方が適切であろう。教師に対する敬称として用いられる「先生」という語は、元来「先に生まれた者」を意味し、祖先や年長者である（経験を豊富に持っている）ことに敬意が根ざすことを象徴的に示している。言い換えれば、神に裏打ちされた教師の権威がない分だけ、本人のトータルな人格的要素にその権威は根ざすことになるのである。

このように捉えてくると、日本の教員たちの業務が、知識や技能を「教えること（teach）」以外の多岐にわたっており（第5章参照）、いわゆる「無境界性」「無限定性」が生じる必然性と、それを欧米に範を採った施策で解決しようとすることの非合理性も明らかになろう。日本の教員たちの多忙化の大きな原因である部活動にしても、その大きな契機は東京オリンピック後の閣議決定「国民の健康・体力増強対策について」（1964年12月18日）により、体育の授

---

3) 中国における例を挙げるならば、アメリカの職能開発学校（professional development school = PDS）の着想を紹介した王長純（首都師範大学）は、その中国版を展開するに際し「教師発展学校」と名づけている。これは単なる職能成長のための学校ではなく、教師その人自身の全体的発展の場としての学校、という含意を帯びる。詳しくは王（2009）参照。

業以外に学校教育の場で運動部活動を行うべく取り入れられたものが、やがて生徒指導のツールとなり、さらには入試における観点ともなり、教員以外に委ねることが難しくなる（外部指導者に委ねにくい）、という展開をたどっているのはこうした教師像に根ざす。

　見方を変えれば、日本の教員をめぐる諸課題を、アメリカの「専門職（profession）」概念で捉えようとすることの問題は、以下の二点になる。

　一つは、医師、法曹、聖職者のような既成専門職モデルの業務と、公教育で教職を担う教員の業務とが本質的に持つ差異である（岩田 2001：69-71）。医師、法曹、聖職者はそれぞれ、肉体的、社会的、精神的な「苦しみ」―それは人間存在に不可避な「原罪」的なものとして付随する―を解決することをその業務とする（そしてそれを解決する者としての神託を得ている）のに対し、近代学校教育システムは必ずしも「苦しみ」を前提としない市民一般の知識・技能の獲得を目指すことにその本質を持ち、そもそも既成専門職モデルで捉えることには根源的に無理がある。

　それに加えて日本の場合には、上述のような事情もあって、「専門職（profession）」の構成要件が満たされたとしても、なお不充分であるという問題もある。日本の教員たちに関して自律的な職能団体が組織され、その職能団体が専門職基準を設定してその水準維持のシステムを構築することは、それ自体が相当な困難を含むことに加え、それがたとえ成し遂げられたにしても質保証としての社会的認知は得にくい。職能団体による専門職基準の困難は、前述の「無限定性」「無境界性」ゆえに日本の教員たちの「職能」それ自体が明確に捉えにくいことに根ざし、そしてある部分での職能基準が設定できたにしても、トータルな人格的要素を含む要請には応え得ないのである。

　いずれにせよ、日本の公教育で教職を担う者を単に teacher と訳したり、その職能を profession と捉えたりして国際比較の文脈に乗せることは、誤解を導く危険性が大きい。むしろ「教師」「教員」あるいは「先生」「師範」という漢語を用いた方が、誤解の少なさという点では適切であるとも言える。

2. 日本の教員養成制度：原則と錯綜

2.1　師範学校制度の整備と展開

　日本の教員養成制度を歴史的に検討する際、初等学校（小学校）の教員養成と中等諸学校のそれとを区別して捉えていくことは重要な問題である。いずれも正規の養成ルートとしての師範学校・高等師範学校と、それを補う各種の補完策とがあったが、それぞれの内実は大きく異なる。

　日本における近代的学校制度は1872年の「学制」を契機とするが、同時に教員の計画的養成機関として、師範学校の整備が急務とされた。現在の東京学芸大学の前身校をたどると1873年に東京府庁内に設けられた小学教則講習所になる。その後各府県に師範学校が設けられ、さらに森有礼文相の「師範学校令」（1886年）によって基本骨格が整理された。

　師範学校は高等小学校（8年の初等教育）修了を入学資格とし、4〜5年の養成教育の後に小学校の免許状が得られる中等教育レベルの教育機関であった。のちに1943年度から中等学校（中学校、もしくは高等女学校）卒業を基礎資格とする3年制の専門学校程度の教育機関へと昇格することになるが、学制の初期から戦時下に至るまで、そのシステムが閉鎖的であるとする批判が常になされている。それは、主に以下の三点に求められる。

　第一に、小学校教員の「本科正教員」免許状（担当教科・業務範囲に制限のない、小学校教員の最上級免許状）の取得は基本的に師範学校卒業者に限られ、また師範学校卒業者は教師として公教育を担うべく方向づけられていたという制度的な面である。後述するように、小学校教員の需要を満たすべく各種の補完的養成ルートが設けられてはいたが、「本科正教員」に限って言えばその八割ほどを師範学校卒業者が占め（牧1971：422）、小学校運営の枢要な地位に就いていたことがわかる。

　第二に、師範学校は学校制度の中で「袋小路」的に位置づけられ、そこを卒業した後の進路がきわめて限られていたという点である。中学校や高等女

学校の卒業生は、高等学校（→大学）、あるいは専門学校等の中等後教育、高等教育諸学校に接続されていたのに対し、師範学校卒業生は小学校教員として職務に就くべく方向づけられ、服務義務も課されていたのである。唯一の「合法的」進学ルートは高等師範学校に進むことであった。

　第三に、師範学校の教育内容は「師範学校教授要目」によって統制され、各科の教授内容と教授方法、および教育実習等を中心に組み立てられた自由度の少ないものであった。1943年に専門学校程度に昇格し、官立に移管されると同時に教科書も国定化され、さらに国家統制が強まることとなった。のみならず、寄宿舎制を採り、兵式体操が導入されるなど軍隊的な規律も求められ、国家主義的道徳との結びつきが強い教育機関でもあった。

　一方、中等学校教員の養成に関しては、官立の高等師範学校が1945年までに7校（男子4校、女子3校）設けられた。高等師範学校は、中等学校（中学校・高等女学校・師範学校等）を修了した者を対象とした3年制の教育機関であり、第2章に述べるように東京・広島両高等師範学校には1929年から「文理科大学」が置かれる。しかしながら、高等師範学校が中等学校教員の中で占めるシェアはさほど大きくはなかった。以下に述べるように高等師範学校以外にも教員免許状を得るルートが多く設けられており、しかもそれらのルートで得る教員免許状は高等師範学校卒業者のそれと同等のものであった。その意味で、日本における中等学校の教員養成に関しては、早くから開放的な制度が採用されていたと見ることができる。

2.2　有資格教員の補完策

　このように、初等学校（小学校）教員養成に関しては師範学校が、中等学校（中学校・高等女学校・師範学校）教員養成に関しては高等師範学校が主な養成機関とされながらも、それらの卒業生だけで教員需要を満たすことはできず、各種の補完的なルートが設けられていた。

　小学校教員の養成に関しては、各府県、あるいは郡を単位として臨時教員養成所、教員講習所、あるいは試験検定等の補完ルートが設けられた。それ

らの補完的養成ルートで得られる免許状は前述の「本科正教員」のみならず、その下位資格としての「専科正教員」（特定科目のみ）、「本科准教員」（一時教授と補助教授のみ）等が設けられていた。さらにはこうした下位資格すら持たない無資格者が「代用教員」として教職に就いていた。たとえば1935年の段階で小学校教員総数に占める師範学校卒業者は61%、無資格の代用教員は9%である（牧1971：422）。これ以降戦時体制が強まるにつれて代用教員の割合は増加し、1945年には20%となる。ここで重要なのは、旧制度下の小学校教員には、「本科正教員」免許保持者（その多くは師範学校卒業者）を頂点とし、無資格の代用教員を底辺とする階層的秩序（下位資格者の業務範囲の限定を伴う）があったということである。

　一方、中等学校教員の養成に関しては、当初から高等師範学校が唯一のルートとして設けられていたわけではなく、第5章に述べるように、「開放制」的なシステムが古くから存在していた。たとえば1929年段階での中等学校教員免許状取得ルートをまとめると、以下の五種類になる（カッコ内は構成比）（海後1971：291）。

［検定を要しない者］　　高等師範学校卒業者（14.4%）

　　　　　　　　　　　その他の教員養成所修了者（8.5%）

［無試験検定による者］　大学卒業者［指定学校］卒業者（19.8%）

　　　　　　　　　　　その他専門学校等［許可学校］卒業者（34.2%）

［試験検定による者］　　文部省検定（文検）合格者（23.1%）

この五種類のルートの構成比は年代によって変動があり、試験検定が多い時期と無試験検定が多い時期とが見られるが、全体を通じて高等師範学校卒業者以外の者が多数を占めていた。さらには、こうした有資格者群の外側に、小学校教員同様に相当数の無資格教員が存在していた。その比率はたとえば中学校教員の場合、全教員の10〜30%にのぼっていた（海後編1971：251）。以上のように、旧制度下の中等学校教員の供給においては、高等師範学校と

大学のシェアは拮抗しており、しかも「格」の面では大学の方が上位に位置づいていたのである。

　ただ、このうち無試験検定の「許可学校」に関しては注意が必要である。第5章に述べるように、旧制大学（官立・公私立）を卒業した者を対象とした「指定学校」制度が、そこを卒業するだけでほぼ自動的に中等学校の教員免許状が得られた（その意味で現行の「開放制」に近い）のに対し、「許可学校」となった公私立の専門学校（大学に別置された専門部）、各種学校、高等女学校専攻科等の中等後教育機関に対しては、文部省（教員検定委員会）による厳しいチェックがなされていたのである。詳しくは他の文献（船寄ほか2005）に譲るが、各専門学校等は、無試験検定の許可学校となる申請に際して、その学科課程、学則、実習計画、教員の履歴と担当科目の関係等を記した調書を文部省に提出し、それらが高等師範学校に匹敵するものであると認められるとともに、実際に在学生が学力試験を受け、それが一定水準にあることが認められて初めて「許可」が得られるというシステムが採られていた。のみならず、これら許可学校の卒業生は、その履修状況・出席状況・卒業認定に用いた試験問題とその成績等を卒業時に文部省に提出し、書類審査を経た者のみが数ヵ月後に免許を得ることができたのである。たとえば津田英学塾（現・津田塾大学）の場合、1909 ～ 1939 年度の卒業生計 1,242 名のうち、免許状を得られたのは1,191 名（96％）である[4]。この手続きは戦後の課程認定制度に近いものの、それに加えて在学生・卒業生の学修状況と学業成績を国家が直接管理していたという点で相当に厳しいものであったと言える。

2.3　「大学における」「開放制」原則

　第二次世界大戦後のいわゆる戦後教育改革において、従前の師範学校や高等師範学校は、他の専門学校・高等学校・大学等の各種中等後教育機関・高等教育機関とともに再編され、6-3-3-4 の単線型学校制度の中の最高学府と

4）『津田英学塾四拾年史』(1941) 巻末年表より算出。

しての新制大学となった。ここでいう「大学」の含意はさまざまにあろうが（TEES研究会 2001：412-415）、主には大学卒（学士）を教員の基礎資格とすべく水準を上昇させる（教員養成を学士課程以上で行う）ことと、国家による教育内容への直接的な統制を改めて「大学の自治」「学問の自由」を基調とする場で学識ある教員を養成することの二つがあろう。

　こうして初等学校教員と中等学校教員は同レベルの高等教育機関で養成されることとなり、また各大学で得られる教員免許状は基本的に同一のものとするべく教育職員免許法が整備された。この免許法の下で、国公私立いずれの大学においても、所定の科目を開講し、実習や設備等の一定の要件を満たせば全て、その卒業生に対して教員免許状が認定されることとなった。この「免許状授与の開放制」は「大学における教員養成」と並んで二大原則となった。

　ただしこの二大原則、特に「開放制」にはいくつか注意を要する点がある。

　まず、「開放制」の含意についてさまざまな見解が錯綜しており、論者によってそのニュアンスが異なるということがある。これについては第5章で整理と再定義を試みるが、たとえば2006年の中央教育審議会答申[5]において「国・公・私立のいずれの大学でも、教員免許状取得に必要な所定の単位に係る科目を開設し、学生に履修させることにより、制度上等しく教員養成に携わることができる」制度として文部当局がその原則を示してはいるものの、以下に述べるようにその「等しく教員養成に携わる」がいかなる実態を意味するのかについて、大学種別によって捉え方が異なる。

　「開放制」の原則下でさまざまな大学が教員免許状の認定を行い得る制度になったとは言っても、旧制度下の師範学校を母体とした大学・学部（教員養成系大学・学部）と、それ以外の高等教育機関・中等後教育機関を母体とした大学・学部（一般大学・学部）とは教育組織・運営上の性格が異なっており、実際にはこれら二つのタイプの大学が並立する形で教員養成が行われてきた。

---

5)「今後の教員養成・免許制度の在り方について（答申）」（2006年7月11日）。

教員養成系大学・学部には、旧制度の師範学校にあったような服務義務は課せられず、また取得できる免許状は他で得るものと同じとなったものの、特に義務教育段階の教員を確保する観点から、教員免許状取得を卒業要件とする課程（教員養成課程）が設けられた。そのカリキュラムには教育職員免許法に定める所定科目が卒業要件の中に含まれ、学部の教育組織は免許種別ごとの「課程―学科目制」を基本とすることになった。加えて教員養成課程全体の定員は、おおよその需給見通しを基に 2005 年 3 月までは政策的に抑制されてきた（第 4・7 章参照）。これは一般大学・学部が、「講座－学科」を基本とする教育組織の外にオプショナルな教職課程を置く場合と根本的に異なる。

　また、教員養成系大学・学部は、その前身である師範学校が各府県を単位に置かれていたこともあって、「一府県一大学」原則の下で都道府県の教育委員会（公立学校の教員人事権を持つ）と概ね一対一の対応をすることになった。当然のことながら、一般大学・学部の配置にはこうした地方政府との対応関係はない。こうしたこともあって、その後の教員養成政策が展開されていく中で、教員養成系大学・学部と一般大学・学部との立場の相違・相克が、しばしば生じることになる。たとえば 1988 年免許法改正によって修士修了を基礎資格とする「専修免許状」が新設されているが、これに対し、全国私立大学教職課程研究連絡協議会（全私教協・当時）は「専修免許状のために大学院を組織し運営することは、国立教育系大学・学部にとって極めて有利であり」「課程認定を受けた大学が、なんの格付けもなく平等な立場で教師教育の任に当たる開放制教師教育制度の本質を基本的に歪めるおそれが強い」施策と捉え、「戦前の師範学校、高等師範学校を中心とする教師教育への回帰」を警戒するというロジックになるのである（黒澤 2006：238-239）。

　これに関わるもう一つの問題として、「開放制」の定着過程は小学校教員養成の場合と中等学校教員養成の場合で大きく異なるという事情もある。

　教育職員免許法は 1949 年に制定された後、1953 年に改正がなされていわゆる「課程認定制度」が導入された。この申請手続きは旧制度の無試験検定の許可学校の場合と酷似している。ただし、許可学校とは異なり、学生個々

の履修状況や成績などが文部当局に直接にチェックされることはなく、各大学が単位認定を行い、法定の所定単位を満たした学生に関しては、その履修証明をもとに、各都道府県教育委員会が免許状を発行するというシステムとなった。この点に関しては旧制の大学（指定学校）が持っていた既得権が新制大学にも引き継がれた形になる。

　ただし、小学校・幼稚園の課程認定に際しては「教員養成を主たる目的とする学科等」の設置が要件とされたことから、課程認定制の導入当初に小学校教員養成の課程認定を得た一般大学（学士課程）は、7大学（国立2＝お茶の水女子・奈良女子、私立5＝青山学院・玉川・日本女子・立教・京都女子）に過ぎなかった。小学校教員養成が「開放制」に転じたことに最も敏感に反応した私学に宗教系と女子大学が多いのは興味深いが、これらの一般大学は、数のうえでも、認知度のうえでも、旧制の師範学校を母体とした教員養成系大学・学部に比して著しく小さく、新制度が発足した後にも小学校教員養成は依然として旧制師範学校を主とするという大勢に戦後長らく変化はなかった。

　その一方で、中等学校の教員養成については、旧制度下の無試験検定指定学校・許可学校が引き続き一般大学・学部として課程認定を受け、逆に旧制師範学校を母体とした教員養成系大学・学部が中等学校（新制中学校・高等学校）の教員養成に新規参入してくる形となった。シェアに関しても、一貫して一般大学・学部の卒業者が多数を占め続けている。したがって、中等学校教員養成に関しては、以前から「開放制」的な状況が存在していたことの延長線上に捉えられるのである。

　さらに、旧制度下で教職に就いていた者の、新制度下での扱いにも注意を要する。1949年に教育職員免許法と同時に施行された教育職員免許法施行法において、旧制度からの切り替えの手続きが細かく定められたが、そこでは旧制度下で何らかの教員免許状を持っていた者は、例外なく新制度下で何らかの教員免許状を持つものとされた。のみならず、同施行法においては、旧制度下で何の教員免許状も持たず、無資格で教職にあった者（いわゆる代用教員）にも仮免許状が与えられたのである。日本の教員に対する「免許状主義」

は、「全ての教員に免許状を取得することを求める」のではなく、「とりあえず教職にある者に対しては免許状を持っているものと認める」ところから始まったと捉えられる。

　ここで、旧制の師範学校卒業者に与えられた「小学校本科正教員」の免許状は、新制大学の二年課程（短期大学レベル）を修了したものと同じく「小学校教諭二級」（現在の「二種」）相当とされた。また、旧師範学校から転換した教員養成系大学・学部は1964年度までは二年課程を併設し、当初は数において四年課程のそれを上回っていた。それゆえ戦後もしばらく小学校教育の現場においては、中堅以上の教員は基本的に旧制度下で教職に就いた者（師範学校世代）であり、また若手の相当部分は二年課程の修了者で、四年制大学を卒業した学士の教員は比較的少数という実状が続いた。旧制師範学校の最後の卒業者（1951年3月卒）が、日本の公立学校の一般的な定年である60歳に達したのは1990年代のことであった。

　その後も短期大学における養成等を通じての二種免許状の発行は続き、2019年時点で228の短期大学等が課程認定を受けている。

　この「学士未満」の基礎資格の教員が今なお生み出されつつあるのは、国際的に見ても時代遅れになりつつある。そんな中で日本においてこの二種免許状が短い期間の養成プログラムで取得でき、なおかつ業務範囲に制限がなく、上伸は単なる努力義務でしかない（上伸せずとも免許状の失効はない）ということが、その後の教員養成改革論に影響することになる。

　教育職員免許法制定当時に、小学校の教育現場でリーダー的立場にあった旧制師範学校卒の本科正教員免許状保持者たちに対して、その業務範囲を限定することに無理があったのは確かである。しかしながらその制度骨格が永らく続いたことによって、日本の教員に求められるものとしての「学識」の優先度が上がらないばかりか、むしろ「人間性」や「経験」の重要度が強調される傾向を生んだのである。たとえば、前掲の「教職大学院」の制度設計の過程で中教審教員養成部会が行ったヒアリング（2005年6月17日）において

日本私立短期大学協会[6]は「短期大学であろうと専門職大学院であろうと、教える側の人間性そのものが、教科の興味を引き出す」として専門職大学院における人間性の涵養を求めるとともに、「短期大学を卒業して二種免許状を取得し、教職実務を踏まえながら、一種免許状を目指している」というキャリア形成を挙げているのである。これは多分に組織防衛的なモチーフから発していると解されるが、教員の専門職大学院のありようを「学識」抜きで論じている点が特徴的である。

2.4　二大原則の展開と未解決の諸論点

　このように展開してきた日本の「大学における教員養成」「免許状授与の開放制」の二大原則であるが、これらが制度的な基本理念となることによって、多様な学問的背景を持った教員を量的にも充分に確保することが可能になったことは確かである。しかしその一方で、制度発足時には充分に想定できなかった問題がいくつか後に顕現することとなり、それらがその後の教員養成改革論にも未解決なまま投影されている。これらについては次章以下に詳述していくが、以下にいくつか主なものを挙げておく。

　第一には、高等教育の量的拡大に伴って課程認定を得る大学が増加し、特に中学校・高等学校の一部教科において教員の需要を大幅に上回る供給がなされる状態が恒常化していることである。小学校・中学校・高等学校等の教員需要には浮き沈みがあるが、一方で教員免許状の供給は年間十数万ないし二〇万枚程度を維持している。これらの免許保持者の相当数は実際には教員に就く希望を持たないが免許だけは取っておこうという、いわゆる「ペーパー・ティーチャー」である。こうした中で、教育実習指導に当たる小・中・高等学校の側から「教育実習公害」（多くの、教職意欲の乏しい実習生が教育現場に負担を与え、指導に当たる教員たちと実習相手の児童生徒たちを混乱させている、という趣旨の批判）が 1960 年代から指摘されてきている。このことは一方で、新た

---

6) 中央教育審議会初等中等教育分科会教員養成部会（第 33 回）議事録および資料 4。

な教育課題への対応のための実践的プログラムを増やそうにも、そのフィールドとなる実践現場の量的な限界が障壁となるという事態を生んでもいる。

第二に、大衆化した多くの大学のそれぞれが教員免許状を認定する際に、その統一基準のなさが、言い換えれば質保証の困難を生んでいるという問題もある。教育職員免許法は、免許種ごとに取得すべき単位の種類と数を定めてはいるが、実際にどのような内容の授業を行い、どのような方法で単位認定を行うかは、それぞれの大学の、それぞれの科目担当者（大学教員）の裁量に基本的には委ねられる。同じ科目においても、A大学のX教授が担当する授業と、B大学のY講師が担当する授業とでは、内容も単位認定の基準も異なっており、この科目の単位が教員となる者に対していかなる知識・力量を担保するかのコンセンサスはない。この点でのカリキュラムの標準化を目指す政策の表れが、2017年に文部科学省が示した「教職課程コアカリキュラム」であろう。この「コアカリキュラム」は、課程認定行政と連動させることで、政府が直接に各大学の教職課程カリキュラムをコントロールする目的を持って設定されたものと解される（第5章・第6章参照）。

統一基準のなさは、1988年の免許法改訂で設けられた専修免許状（修士修了が基礎資格）にも通じている。第4章に詳述するように、その取得要件は、一種免許状（学士程度）に加えて「教科又は教職」に関する科目を24単位と設定された。それゆえ上級免許状としての明確な統一基準は設定されていない。教員を雇用する人事権者の側から専修免許状保持者のメリットが見いだせないのである。

第三に、特に2005年の抑制策撤廃を機に、小学校の教員免許状の課程認定を得る一般大学・学部が増加してきたことの影響がある。この問題に関しては第7章に詳述するが、これは「開放制」原則の初等教員養成への拡大ではあるものの、残念ながら全体としての教員の資質向上にはつながっていない。旧制の師範学校を母体とした国立教員養成系大学・学部がその後の半世紀あまりに新制国立大学の中で一定の地位を得て、比較的優秀な学生を集めて教育界に輩出する装置として機能してきた部分の比率が減り、新規参入の

私立大学が多数を占める競争的環境が作られたことが、決してプラスの効果を生んでいないのである。

　こうした展開面の問題よりもさらに根源的な問題としては、教員養成カリキュラムの構成原理の問題が挙げられよう。戦後改革によって前期中等教育（新制中学校）が義務化され、ほどなくして後期中等教育（新制高等学校）も準義務化したにもかかわらず、その教員を養成する教育機関の基本的な構成原理が「教科」中心であり続けていることも、その後の教育問題への対応と齟齬を来している。旧制の中学校や高等女学校が、学ぶ意欲の比較的高い生徒だけが入試を受けて進学する学校だったのに対し、義務化された新制中学校、および進学率の上昇によって「準義務教育化」した新制高等学校の生徒の相当部分は、学ぶ意欲を充分に持ってはいない。このことの齟齬は、1971年の中央教育審議会答申において「教員の養成確保とその地位の向上のための施策」として、「戦前の中等学校とは異なった新しい教育指導上の問題」に対応すべく「さまざまな資質・能力・関心をもつ多様な青少年に対する教育指導の方法についてじゅうぶん修練を積んだ教員が必要」であるとの指摘がなされるに至った（第5章参照）。[7]

　とはいえ、その後の展開を見るに、ここでの指摘は単なる指摘にとどまり、教員養成制度の骨格が改められることにはつながっていない。その後1988年・1998年に改められた教育職員免許法において、相次いで免許基準の引き上げがなされ、教職関係の科目が増やされるという形で、カリキュラムの構成原理を維持したままの弥縫策的な対応がなされているだけである。

　以上のように、制度設計時にはあまり自覚されなかった諸問題が、「大学における教員養成」「免許状授与の開放制」の展開とともに顕在化したものの、それらの克服に対しての抜本的な手だてが採られてはいないという状況が見て取れる。

7）中央教育審議会、「今後における学校教育の総合的な拡充整備のための基本的施策について（答申）」（1971年6月11日）。

3. 教育改革と教員養成

3.1 「学びからの逃走」と教員への要請

　この、中央教育審議会が1971年の答申で指摘した「新しい教育指導上の問題」は、1980年代以降に日本で「学びからの逃走」と総称されるようになる教育問題—いじめ・不登校・学級崩壊等—として深刻化した。それらは児童・生徒の「学び」それ自体に起因する教育問題ではなく、たとえば授業が成立しない学級（学級崩壊）、あるいは児童・生徒が学びの場に参加しない（不登校）、学習意欲の低下、その他社会的な逸脱行動等をその本質としている。したがって、これらの教育問題に対処するためには、担当教科に関わる深い学識に裏打ちされた授業現場での指導力以前に、「学びからの逃走」に至る子どもたちのつまづきを構造的に把握し、「学び」へと導くような実践的指導力が教員たちに求められることになる。

　一方、高度経済成長と、それと同時並行的に生じた学歴社会の進行は、ペーパーテストで計測される学力への過度な信頼と、その種の学力指導を商品化し、サービスとして提供する受験産業（塾・予備校等）の隆盛を招いた。その背景には、しばしば「東アジア型学力観」と呼ばれるような、事項的知識の記憶→ペーパーテストによる評価→そのスコアによる上級学校への進学・社会的地位の獲得、という人々の根強い志向がある。こうした学力観が発達した市場経済と結びついたとき、パッケージ化された進学準備教育を提供するビジネスが成立しうる。東アジアの大都市圏—日本や韓国、中国沿岸部、香港、台湾等—を中心に塾や予備校（いわゆる shadow education）が発達しているのはこうした背景を持つ。

　そして受験産業のスタッフたちは、公教育を担う教員たちの業務の中核的な部分である各教科の学力形成のうち、人々の欲望にマッチしている部分を切り取って商品化し、顧客のニーズに合わせてサービスを提供することになる。上級学校への進学を志す、学習意欲の高い児童・生徒を主な対象として、

市場原理の中でより魅力的なサービスを競い合って提供するのであるから、こと教科指導に関して、受験産業のスタッフが公教育を担う教員たちよりも高い評価を得るのは当然のことである。言い換えれば、塾や予備校のスタッフの方が、公教育の学校で働く教員たちよりもより純粋に「教える人（＝teacher)」的なのである。

　その陰で、公教育を担う教員たちは、そうした商品化された教育サービスを買うことができない層、あるいは「学びからの逃走」に向かいがちな子どもたち（両者は多くの場合重なる）をも含めた教育の場で、数値化・商品化されにくいけれども人格形成の上では重要なことがらを指導することをより強く期待されることになる。露悪的な言い方をすれば、学校の教員たちは以前ほど教科指導の能力を期待されなくなり、それ以外の、人格的な面を期待される度合いが高まったのである。教科指導の面で卓越し、カリスマ性を帯びる予備校講師がしばしば現れるのとは対照的に、公教育の学校の教師でメディアに取り上げられて有名になるのが、たとえば夜の盛り場で逸脱行動に走りがちな生徒たちに声をかけてサポートする「夜回り先生」（水谷 2004）であったり、かつての非行少年が母校の教壇に立って後輩たちの更生に尽力する「ヤンキー先生」（義家 2003）であったり、あるいは癌に蝕まれた自らの身体を「教材」として「いのちの授業」を行った小学校長（神奈川新聞報道部 2007）であったり、さまざまな形で「生き方のモデル」を導く教師たちが多いということは、日本の教員に対する社会的な期待の所在を端的に示している。そこには前近代からの日本における「師」の像が重なってもいる。

3.2　教員養成改革の力学

　このように、1980 年代以降の日本では、公教育を担う教員たちに対して、単に教科指導を高いレベルで行う能力ではなく、多様な教育課題への対応能力へとその比重を移してきている。また、「学びからの逃走」が生じた要因の一つが高度成長期の画一的な詰め込み教育に求められたこともあって、1980年代以降の日本の教育改革は「自由化」「個性化」「多様化」をキーワードと

して新自由主義的に進められていくことになる。

具体的には、選択科目の増加や学校裁量の時間の増加といったカリキュラム面の弾力化や、いわゆる「民間人校長」や小中学校の通学区域の弾力的な運用（学校選択制）といった行政・運用面での弾力化や、推薦・AO（アドミッションオフィス）等の入学試験の多様化等々、学校の運営に関わるあらゆる面に及んでいる。機会均等を重視して従来は固定されてきた多くのことがらが、それぞれの自治体、学校、教員の采配に委ねられることとなったのであるが、これまでの教員養成制度や、実際に教員養成教育を提供する大学のシステムはこうした変化に対応する柔軟性を充分に備えてはいない。

21世紀初頭の日本で行われた「規制緩和」は、こうした状況へのブレイクスルーとして官邸サイド（特に小泉純一郎内閣）から打ち出されている。たとえば2003年に内閣府に設置された規制改革・民間開放推進会議（2007年に「規制改革会議」に改組改称）は、郵政や道路等を含めた各種の「官業民営化」や「規制緩和」策を検討する中で教育改革の方向性を探ったが、そこではたとえば文部科学省に対し「大学における単位取得等を基本とした現在の教員免許制度は効果的に機能していると判断しているか」「学校現場において、教員養成課程を受けていないことによる特別な特質、もしくは劣った特質があることを実証するデータがあればご教示いただきたい[8]」という直接的な表現で、既存の教員養成制度や教員免許状の存在意義に疑義を呈するとともに、それらに依らない代替ルートからの教員のリクルートメントを打ち出した。同会議の第三次答申（2006年12月25日）においては「教員採用制度改革の更なる推進」として「特別免許状の授与を前提とした免許状を有しない者の採用選考を行うことについて、少なくも採用に関する制度として設け[9]」ることなどを提言し、こうした特別免許状の活用促進は以後の政策に引き継がれていくことになる。

その一方で、文部行政の側では1980年代以降の教育課題の多様化・複雑

---

8) 草刈隆郎（規制改革民間開放推進会議・教育ワーキンググループ主査）、「義務教育制度改革に関する質問」（2005年6月）。
9) 規制改革・民間開放推進会議「規制改革・民間開放の推進に関する第三次答申」（2005年12月25日）。

化に対して、教員の資質管理に関する統制策を強化していく。具体的には現職教員の研修施策や人事管理システムの構築である。

研修の制度化という点では、1989 年に導入された初任者研修制度がひとつの画期であった。教育公務員特例法が改められ、新たに公立学校教員として採用された全ての者は一年間の「条件附採用」身分と、その間に課される300 時間の研修を経た後に正式採用となることとなった。このような形で悉皆研修が制度的に導入されることによって、教員にとっての研修は、自律した専門職者が自ら研鑽する「権利」としてのそれから、公教育の水準確保のために人事権者に命じられて行う「義務」としてのそれへと、大きく性格を変えていくことになるのである。悉皆研修の制度化としては、2003 年からさらに「十年経験者研修」が導入されることとなり、これ以後、採用後十年を経た公立学校教員は全て、約 20 日間の校内研修と 20 日間の校外研修とが課されている。

また、2000 年頃から、教員人事権を持つ都道府県、および政令指定市の教育委員会において、公立学校の教員全員を対象とした評価制度が導入されてくることとなった。これらの評価は通常、教員個々人を対象としており、一部は教員の給与と連動しつつある。こうした諸施策と、前述の「義務としての研修」の強化の結果として、1970 年代頃までに多く見られたような自発的なサークルや、勤務校における同僚性の中でそれぞれの教員が力量を高めていくという成長のプロセスは徐々に衰退していくこととなった。

これに加え、教員の分限制度も強化されることとなった。分限免職の事由の一つに「指導力不足」が加えられ、教員評価によって指導力不足の認定を受けた教員については、2003 年度より教育公務員としての職を免じ、一般職への配置換えを可能にする分限制度が始まっている。

3.3　中央教育行政の混沌：官邸 vs 文部(科学)省

以上のような施策の展開は、二大原則下で養成された教員たちの資質力量と、そこで認定されてきた教員免許状への不信に根ざしていると捉えられる。

そしてその不信をめぐっての相反する二つの思惑が、近年の日本の教員養成改革の動きの中で交錯したままに改革が進められてきているのである。

その一つは、既存の教員養成制度と教員免許状を改善することよりはむしろ、その相対的な比重を低め、多様化を進めることによってこの問題の克服を図ろうとするものである。これは主に官邸サイドに根強い。これと相反するもう一つの思惑は、文教施策を取り仕切る文部科学省サイドに根強いもので、既存の教員養成・免許制度の改善を行うことで、教員免許状とその保持者である教員たちに対する信頼を回復しようとするものである。これはたとえば先に挙げた 2006 年の中央教育審議会答申が「教員に対する尊敬と信頼を確立するためには、まず教員自身が自信と誇りを持って教育活動に当たることが重要である」という前提から書き起こされ、中でも「とりわけ教員養成・免許制度の改革は、他の改革の出発点に位置付けられるものであり、重要である」とされていることなどに端的に表れている。

この二つの相反する思惑の交錯は、21 世紀初頭以降の日本の教育政策の策定における錯綜と、実施に移された諸施策の混乱を生んでいる。その典型例は、教員免許更新制と教職大学院に見られる。この二つの施策は、いずれも2004 年 8 月 10 日に河村建夫文部科学大臣が示した「義務教育の改革案[10]」の四つの柱の中の一つ「教員養成の大幅改革」において「教員の資質の飛躍的な向上を図るため、教員養成のための専門職大学院を設置し、大学院レベルで高度かつ実践的な教員養成を行う」「教員免許に一定の有効期限を設け、更新時に教員としての適格性や専門性の向上を評価する」として謳われ、その後の中央教育審議会で検討が進められることになったものである。

教員免許更新制に関しては、これに先だって教育改革国民会議がまとめた報告「教育を変える 17 の提案[11]」の一つ「教師の意欲や努力が報われ評価される体制をつくる」の中で「免許更新制の可能性を検討する」とされたことを受けて中央教育審議会での審議が行われ、2002 年の答申において「現時点に

---

10) 中央教育審議会総会（第 42 回）資料 1-1（2004 年 9 月 9 日）。
11) 教育改革国民会議（官邸）「教育を変える 17 の提案」（2000 年 12 月 22 日）。

おける我が国全体の資格制度や公務員制度との比較において，教員にのみ更新時に適格性を判断したり，免許状取得後に新たな知識技能を修得させるための研修を要件として課すという更新制を導入することは，なお慎重にならざるを得ない」[12]と慎重論が示されて制度導入が見送られた経緯がある。しかしながらその後に財界の意向を強く反映する形で河村文科相のもとに「これからの教育を語る懇談会」が置かれ、その懇談会（座長＝牛尾治郎・経済同友会特別顧問）での議論を踏まえて前述の「義務教育の改革案」に再び免許更新制が検討課題として示されるに至ったのである。そこで河村文科相は更新制導入の根拠を「教員としての適格性や専門性」としたが、そこで「適格性」に重きを置くか「専門性」に重きを置くかで官邸と文部科学省の思惑が交錯することになる。

　官邸サイドは明確に「適格性」に重きを置いていた。先に挙げた規制改革・民間開放推進会議の第三次答申において「教員免許更新制については、児童生徒・保護者による評価を踏まえて、教員としての資質を欠く場合の分限免職を行う上での要素として活用可能な制度とすべきである」とされている部分にその思惑は明確に表れている。対して文部科学省はこの制度を従前からの教員研修施策の延長線上に位置づけ、教員の専門性の向上に重きを置くものとして設計したのである。それは2006年の答申において「更新制は，いわゆる不適格教員の排除を直接の目的とするものではなく，教員が，社会構造の急激な変化等に対応して，更新後の10年間を保証された状態で，自信と誇りを持って教壇に立ち，社会の尊敬と信頼を得ていくという前向きな制度」であるとしているところに明確に表れている。そしていわゆる「指導力不足」の認定を受けた教員については、免許更新講習を受ける前に「指導改善研修」を課せられ、その修了認定を更新講習受講の要件とするという形で、免許更新制の外側の制度で対応することとしたのである。このように両者の思惑が相反する中で実施に移された免許更新制が、その後十年あまりを経てその効

---

12) 中央教育審議会「今後の教員免許制度の在り方について（答申）」（2002年2月21日）。

果に疑義が呈され、見直しの議論が起こるのは必然とも言える。

　もうひとつの典型例は、2008 年に発足した「教職大学院」に見られる。これは、大学院段階の教育組織を研究者養成のそれと高度職業人養成のそれに機能分化させるとともに、従来の教育系大学院における教員養成教育が学問志向と実践志向の相克の中で充分に機能していたとは言えなかった状況を改めるべく、専門職大学院の一種として設けられたものである（岩田康之 2006b：83-86）。そこでは従前の大学院にあるような学位論文の作成は要件とされず、また教員スタッフのうち 40％以上は実務経験者が担うなど、より実践的に教員養成教育を修士段階で提供するものとされ、修了者には「修士（教育学）」（M.A. 相当）に代わって「教職修士（専門職）」（M.Ed. 相当・プロフェッショナル学位）学位が与えられる。しかしながら、この教職大学院修了者に対して与えられる新種の教員免許状や、排他的な職域は設定されていない。この点で教職大学院は、法科大学院（修了が司法試験受験の要件になる）や 6 年制薬学部（卒業が薬剤師国家試験受験の要件になる）のような、資格制度との結びつきを持たない専門職大学院としてスタートすることになったのである。この教職大学院で養成すべき教員像として中央教育審議会答申は「スクール・リーダー」という概念を示しているが、それは「特定の職位と結びつくものではない」とされている。教職大学院修了者の学校内での実際の役割としては、「自由化」「個性化」「多様化」の中で学校現場を切り回す意思決定を主に担う中堅教員が想定されており、それは 2007 年に改められた学校教育法で新設された「指導教諭」「主幹教諭」と近いものでありながら、両者には制度的な関係はなく、結果的にどの教員をこれらの職階に充てるかは人事権者（公立学校教員ならば都道府県・政令市教育委員会）に委ねられることになったのである。

　この政策立案過程で、国立大学協会は 2004 年に「特定分野の問題検討特別委員会（教員養成分野）」を設置し、教員養成改革についての同協会の対応を集中的に審議した。同委員会は「教員養成の専門職大学院」創設のインセ

ンティブとして「修了者の処遇に対する制度的措置」を求めたが、それが政策的に実現することはなかった。

　先に述べたように、既存の教員養成制度に疑義を呈する規制改革・民間開放推進会議がこの動きを牽制し、「当会議は、教員養成のための専門職大学院の制度化を公的に図っていくことは不適当と考える」「当該大学院の修了を教員免許や教員採用の要件、あるいは優遇条件とすることは、本来適切な資質を持つ者をかえって排除する悪しき参入規制そのもの」であると批判している状況下では、教職大学院修了者に特権的な取り扱いをするような制度設計は不可能だったのである。このため、教職大学院を設ける大学は、自発的な入学者を確保するための制度的な後ろ盾を得られず、入学者の相当数を都道府県や政令指定都市などの教育委員会から派遣される現職教員に頼らざるを得なくなったのである。

3.4　地方教育行政を取り巻く状況の変化

　こうした一連の、相矛盾する思惑の錯綜する中での政策動向において、地方の教育行政、特に都道府県や政令指定都市の、公立学校の教員人事権を持つところをめぐる状況も変化してきた。

　その一つは、教員資質の維持・向上に際しての地方教育行政への政策的な期待が増したということである。2006 年の中央教育審議会答申における教職大学院についての記述を例に取るならば、「教職大学院」の創設に関わって「実務家教員の採用に当たっては、例えば教育委員会等関係機関との密接な連携」が必要とされ、また院生たちが実習を行う場についても「附属学校の積極的活用は当然の前提としつつ、附属学校以外の一般校の中から連携協力校を設定することを義務付けることが適当である」とされている。つまり、教職大学院を設置しようとする大学は、実習場所の確保においても、実務家教

---

13) 社団法人国立大学協会特定分野の問題検討特別委員会（教員養成分野）、「教員養成における専門職大学院に関する意見書」(2005 年 6 月 17 日)。
14) 規制改革民間開放推進会議「文部科学省の義務教育改革に関する緊急提言」(2004 年 11 月 30 日)。

員の確保においても、さらには入学者となる現職教員の確保においても、教職大学院を修了した教員たちの採用や処遇の面においても、教育委員会に依存せざるを得ない制度設計になっているのである。

　同様のことは、優れた教員養成プログラムを対象とした競争的な予算配分策としてのいわゆる「教員養成GP」（第5章参照）においても見られる。その公募に当たっては文部科学省より「審査方針」「留意事項」が示され、「教員の採用側の意向を十分に踏まえた取組であること」「学校現場を十分に踏まえた取組であること」[15]が求められ、さらには申請書に「教育委員会や学校等から提出された、当該教育プロジェクトに関する意見書」を添付することが義務づけられているのである。教員の養成を行う大学と、学校教育の現場や、教員採用や研修を司る教育委員会との連携が重要であることは論を俟たないが、ここではその「連携」が対等のものではなく、各大学が教育委員会に対して「協力をお願いする」形の関係が想定されているのである。

　その一方で、錯綜しつつ進行する教育政策の中で、地方教育行政を担う教育委員会は、その地域での教育を安定的に運営する責任を負っている。教員養成分野における抑制策が撤廃されて、従来ならば「教育学部」にアクセスが難しかった若者がこれまで以上に教員免許状を得るようになり、のみならず特別免許状などの代替ルートからの採用も要請される。そういう状況下で、複雑多様化する教育課題に対応できる教員を一定数、どのように安定的に確保するのか、という問題に、各教育委員会は直面することになったのである。

　2004年の「東京教師養成塾」を皮切りに、主に都道府県・政令市の教育委員会が、大学生等を対象にした入職前の教員養成プログラムを自前で提供する動きを見せるようになってきたのは、こうした状況下で、教育課題への対応力が期待できる教員を自前で確保しようとする表れでもあろう。これらのプログラムは「教師塾」等の名称で、公立学校における実習的要素を主に取り入れた数ヶ月〜1年ほどのプログラムを行っているが、その多くは通常の

---

15) 平成17年度大学・大学院における教員養成推進プログラム公募要領【教員養成GP】。

大学教育では難しい現場体験を長期かつ継続的に得ることができ、また教職経験者の豊富な実践に裏打ちされた指導を得られるという点において、従来の教員養成教育を補完する可能性を持っている。さらに、「東京教師養成塾」「埼玉教員養成セミナー」などのように、そのプログラムを経た者に採用面で特別扱いをするケースも見られる。これは大学で教員養成を行っている立場からすれば「大学における教員養成」原則を踏みにじる越権行為とも捉えうるが、以上に検討してきたような教育政策の流れの中で、「大学における教員養成」を経た免許状取得者たちに充分な信頼が置けず、一方で政府の打ち出す諸施策も混沌として信頼が置けない以上、教育委員会なりに教員確保の戦略を立てて実践したものとも捉えられる。そして上述のように地方教育行政の担う比重が増す関係性において、こうした動きは実効性を持ちつつある。

　このように、近年の日本における教員養成改革は、二大原則である「大学における教員養成」「免許状授与の開放制」に潜在していた問題が具体化する中で、その一方で都道府県・政令市の教育委員会への権限集中を強める形で進められている。それに対して「開放制」原則下の各大学はそれぞれにその競争的環境の中に取り込まれ、教育委員会に対しては弱い立場にならざるを得ない。そして、政府による教育政策とそれに基づく中央教育行政（文部科学省）が錯綜を孕みつつ進められる中で、こうした関係性の中で多くは教育委員会がイニシアチブを取る動きが加速されていくことになる。

4.「大学における教員養成」：論点と課題

4.1　「大学における教員養成」：二項対立の克服へ

　以上、本章で見てきたような日本の教師像と教員養成改革の展開を踏まえて、この節では改めて「大学における教員養成」を考える際の重要と見られる論点と課題を素描しておきたい。

　日本の「大学における教員養成」を論じる際、「教員養成系大学・学部」と「一般大学・学部」のみならず、大学のカリキュラムにおける「教科」と「教

職」、あるいは「学問志向」と「実践志向」、さらには「開放制」と「閉鎖制」など、多くの対立図式が描かれてきた。

　しかしながら、本章で検討してきた近年の教員養成改革の動向においては、「大学」「教育学部」総体が括られる形でターゲットにされている例が多い。たとえば先に挙げた規制改革・民間開放推進会議の議論においては、大学で行われてきた教員養成教育やそこで認定されてきた教員免許状の有効性自体に疑義が呈されており、大学種やカリキュラムコンテンツの如何はほぼ不問に付されている。あるいは「教員養成 GP」的施策も、「開放制」原則下の全ての大学が対象とされており、大学種の区別はない。そうした施策の前ではむしろ、「大学における教員養成」総体が担うべきものとしての、教師にとっての「学識」のありようを考え直していくことが重要になる。これについては 21 世紀における日本の「教育学部」の変容と関連づけて第 7 章で再度論じるが、「学識」の具体相を共有することで、教員の資質を「人間性」や「経験」に還元する論議を超克する手立てが見えてこよう。

4.2　日本の教員の実際に根ざす

　その際古くからの日本の「教師」「教員」の実際をその文化的背景も踏まえて精確に捉え、そのありように根ざして今後のありようを検討していくことが重要であろう。日本の教員養成政策に関しては、本章で見てきたような政策自体の錯綜もさることながら、日本の教員文化との軋轢の中で軌道修正を余儀なくされるケースがしばしば見られる。その残念な例は、2009 年から 3 年あまり政権政党となった民主党がそのマニフェストにおいて「教員免許制度を抜本的に見直す。教員の養成課程は 6 年制（修士）とし、養成と研修の充実を図る[16]」と謳い、中央教育審議会答申（2012 年 8 月 28 日[17]）においてもその制度設計が行われたものの、その後の政権政党の交代もあって、実際の施策と

---

16)　民主党「Manifest　マニフェスト 2009」。
17)　中央教育審議会「教職生活の全体を通じた教員の資質能力の総合的な向上方策について（答申）」（2012 年 8 月 28 日）。

42

しては既存の教職大学院の量的拡充のみが行われたことであろう。同答申に
おいては、「フィンランドやフランスなどでは教員養成を修士レベルで行い、
専門性の向上を図る例が見られる」ことを「教員の高度専門職業人としての
位置付けを確立するため、教員養成を修士レベル化することが必要である」
としたものの、その修士レベルの教員養成の基軸をなすとされた「学習科学
等の実証的な教育学の成果に基づい」た「実証的なアプローチによる教育研
究」が日本に根づいていないがゆえに、その後の政策において換骨奪胎され
ることになったのである。

　この例に見られるように、他の国・地域における取り組みは参考にはなっ
ても、根深い文化的な背景の違いもあって、そのままモデルにはなり得ない。
有り体に言えば、政策は文化を直接には変え得ないのである。日本の今後の
教員資質を論じる際は、「学びからの逃走」と称される日本的な教育問題と、
人格的な部分も含めて「師」であることを要請される日本的な教員のありよ
うについてその専門性を捉え、その先を構築すべきであろう。

4.3　質と量の確保・全体の見通し

　公教育の担い手の確保に際しては、個々の教師の質的な側面と、教員全体
の量的な側面の双方を見据えながら現実的な方策やそのための戦略を検討し
ていく必要がある。

　本章で見てきたように、少なくとも 21 世紀に入ってからの日本の教員養成
は、中央政府の中に相反する二つの思惑が交錯し、地方政府（教育委員会）は
そうした状況に直面して自前での教員確保戦略を立てて実践しつつある。「開
放制」原則下の大学は、それぞれのカリキュラムの中で教員養成プログラム
を提供してはいるものの、その自律的・主体的な取り組みがともすると中央
政府・地方政府に阻まれる状況にある。

　教員養成に関わる各種の政策の理念やその立案過程の検討や、各教育委員
会の施策の批判的検証、さらにはそれらを受けての各大学の取り組みなど、
個別の研究の積み重ねが重要であることは論を俟たない。しかしながら、そ

れら各アクターの相互の関係性＝布置関係への目配りなしには、全体像を見据えて今後の方策を検討していくのは困難である。この日本的な布置関係については、以下の本書（主に第6章）にて改めて論じることとしたい。

第2章
「大学における教員養成」理念の
比較史的検討

　この章では「大学における教員養成」理念
について、日中比較を軸に検討をしていく。
中国では古くから「師範大学」が創設され、
中等学校の教員養成についてはそれを主目的
とする大学が一世紀の伝統を持つ一方、初等
学校（小学校）教員についての大学レベルの
養成は 1990 年代以降である。ここでは香港
教育学院の大学昇格のプロセスとそこでの諸
論点を解明し、日本の新制大学における「教
育学部」に引き比べてみると、今もなお続く
日本の「大学における教員養成」の混沌の由
来がほの見えてくる。

1. 問題の所在

1.1 「大学」と「教員養成」の理念的葛藤

　「大学における教員養成」は、日本においては一般的に 1940 年代後半以降のいわゆる戦後改革期の原則の一つと理解されているが、近代教育の展開過程において、「大学」と「教員養成」との関係は錯綜している。

　序章でも述べたように、「大学」と「師範学校」の関係については、Hayhoe（香港教育学院第二代院長。在任 1997-2002）が概念的な整理を行っている。前近代からの歴史と伝統を持つ大学（University）と、近代教育システムの整備に伴って設けられた教員養成学校（師範学校= Normal School）とは、前者が理論志向であるのに対し後者は実践志向であり、前者が専門ディシプリンの追究を旨とするのに対して後者が学習領域の統合を旨とし、前者が没個性的であるのに対し後者は師弟関係の絆を重視し、前者がリベラルな知的探究を目指すのに対し後者が実践知に根ざした活動を目指し、前者が学問の自由と自治を前提とするのに対し後者は政府による管理と専門的なアカウンタビリティを前提とし、前者が永いスパンでの深い理解の醸成に方向づけられるのに対し後者は実践の水準向上のための技芸（craft）に方向づけられ……というように、正反対のベクトルを持つものである（9 頁【表序-2】参照）。

　それゆえ、フランス革命の後 1794 年に設けられた高等師範学校（École normale supérieure）は、公教育制度の整備に伴う教員養成を目的とした教育機関であったが、この新たな教育機関に赴任した文科・理科の高いレベルの教授たちと、基礎的な教授法を求める学生たちのニーズとの隔たりゆえにまもなく閉鎖され、19 世紀に入ってナポレオンが再興した際には、中等学校教員養成を主目的とする高等師範学校は、技術官僚等のエリート養成の大学（Grandes Écoles）とは別系統の高等教育機関として建てられ、一方各県には初等学校の教員養成を目的とする師範学校（École normale）が設けられることとなった（Hayhoe and Li 2010）。このように教員養成機関（師範学校・高等師範学

校）と他の高等教育機関を別系統にする教育制度は近代初期の欧米や、その影響を受けた日本などで広く採られた。

1.2　「師範大学」の理念

　こうした理念的な葛藤は、東アジア（特に中国）では少々異なる。20世紀の比較的早い時期から「師範大学」という名の、主に中等学校の教員養成を主目的とした高等教育機関が設けられており、その後の高等教育の中で比較的高い地位を保つという展開が見られる（岩田 2013）。「師範大学」は中国（本土）のほか台湾や韓国にも置かれており、いずれも中等学校の教員養成をもっぱら行う高等教育機関として、いずれも古い歴史と高いステイタス[1]を持っている。

　こうした「師範大学」の中で最初に設けられたのは、北京師範大学である。同大学の原基は清代（1902年）に創設された京師大学堂師範館であり、これが辛亥革命後の 1912年に北京高等師範学校と改組改称し、中学校卒業を基礎資格とする予科1年・本科3年（その他に研究科・専修科・選科）の中等後教育機関となった。この時の中国（中華民国）の学制においては、全国を6区の国立高等師範区に分け、各区に教育部直轄の高等師範学校を置くこととされた。この6校の高等師範学校は、北京のほか、南京（現・南京大学）・武昌（現・武漢大学）・広東（現・中山大学）・成都（現・四川大学）・瀋陽（現・東北大学）に置かれた。

　その後 1919年より北京高等師範学校は予科を廃して本科4年制とし、1921年には本科の一部を6年制に改めた。この時点で既に修業年限において大学と同等になったこともあり、「改大」すなわち大学昇格の運動が起きた。大学昇格に際しては、高等師範学校を廃止して普通の大学を設け、教員養成を併せ行うべしとする意見と、高等師範学校を「師範大学」として教員養成をもっぱら行う大学として特設すべしとする意見とがあったが、結局は後者の形で 1923年に北京師範大学が発足し（北京師範大学校史編写組 1982：67）、さらにそ

---

1) 特に中国（本土）の教育部直轄の6校＝北京・華東（上海市）・東北（吉林省）・華中（湖北省）・陝西（陝西省）の各師範大学と西南大学（重慶市）。

の後1931年に女子高等師範学校を併合している。

この「師範大学」創設の背景には、欧米やその影響を受けた日本などとは異なる、中国独自の大学観がある。中国における「書院」は唐代（8世紀）に起こり、師弟が生活を同じくする中で諸学問を総合的に学ぶとともに、その実践的な教育に関する方法と、併せて全人格的な陶冶とを併せ行う場として定着していた（Hayhoe and Li 2010: 12）。その「書院」を基に成立した中国近代の大学は、先に挙げたHayhoeの整理とは異なり、師範学校的な性格のいくつか＝総合性、実践性、師弟関係等＝を併せ持つものであった。それゆえ高等師範学校を、基本的な教育組織の形態を変えずにほぼそのまま「師範大学」とすることへの抵抗は比較的少なかったと見られる。

2.「大学における教員養成」理念の史的展開

2.1 日本における高等師範学校昇格運動の帰趨

以上見たような中国における「師範大学」の理念は、日本の場合と大きく異なる。日本においても学制初期の1875年に、東京師範学校に中学師範学科が設置され、その後1886年の師範学校令（1897年からは師範教育令）に基づき高等師範学校となって以降、たびたび大学昇格に関わる議論や運動が起こっているが、それは「師範大学」として結実することはなく、東京高等師範学校・広島高等師範学校を母体にして1929年にそれぞれ東京文理科大学・広島文理科大学が設置されるに至っている。また東京女子高等師範学校・奈良女子高等師範学校が大学となるのは戦後改革期の1948年に文部省および占領軍民間情報教育局（CIE）によって示された「国立大学設置の一一原則」の第五「女子教育振興のために、特に国立女子大学を東西二か所に設置する」を待つことになるが、そこで設置された大学もそれぞれお茶の水女子大学・奈良女子大学であって、「師範大学」の名称は用いられていない。

なにゆえに日本に「師範大学」が設けられなかったのか。その経緯については、船寄俊雄の一連の研究が参考になる。船寄（1998）の指摘するように、

日本においては、1872年の「学制」（第四一章）において中等学校教員の資格を「二五歳以上の大学卒業者」と定めており、もともと中等学校の教員養成は大学が担うものとされていた。その後に中等教育の量的拡大に伴って教員の供給増が求められ、高等師範学校の整備が進められた。以来、中等学校の教員養成は大学と高等師範学校との二元的な制度で行われることとなり、船寄の言を借りれば「もつれ」（船寄1998：46）が生じることとなった。

　高等師範学校の側から大学昇格を求める動きは、1917年に文部省が発表した「高等教育機関拡張計画」に沿って、官立の医学専門学校5校（岡山・新潟・金沢・長崎・千葉）と東京高等商業学校の大学昇格が計画されたことを契機として生じている。この6校に続くべく、1919年頃より東京高等工業学校・大阪高等工業学校・神戸高等商業学校・小樽高等商業学校・秋田鉱山学校等で昇格運動が起こり、これらとほぼ同時期に東京・広島の両高等師範学校も大学昇格運動を活性化させていった。その後「東京及広島ニ文理科ヲ内容トスル単科大学ヲ設置スルコト」が教育評議会に諮問され、1922年にそれを「可」とする答申の後、1929年より発足することになったのである。

　この過程での大きな論点は、教員養成を目的とする大学の特設の可否であった（船寄1998：157-158）。船寄は長田新の「高師昇格反対意見総評」で整理されている十二種の昇格反対論のうち「(2) 教員養成を目的とする高等師範学校を学術の蘊奥を究める大学に昇格するのは「いはれなきことである」とする論」「(5) 学術の蘊奥を究めることが中等教員に必要であるならば、今日の大学で充分であるとする論」「(6) 一方で学術の蘊奥を攻究し、他方で教員に必要な教科や実地練習を課すというのは不可能であるとする論」「(9) 法令上不可能であるとする論」の四つを中心的な論点として挙げている。先に引いたHayhoeの整理に照らせば、まさに「大学」＝「学術の蘊奥を究める」場と、「師範学校」＝「教員に必要な教科や実地練習」の場とは相異なる性質のもので、それゆえ「師範大学」は成り立たない、という論理である。それゆえ、文理科大学が高等師範学校と併置される形で発足したものの、前者は大学令に基づく「文理科」の単科大学として設置され、後者は師範教育令に

基づく高等師範学校として引き続き設置されるという、制度的には別立ての高等教育機関となったのである。また、文理科大学の助教授人事が高等師範学校以外からの移籍にウエートを置いたものであった（船寄 1998：197）ことなどもあって内容的にもそれぞれの専門の「学術の蘊奥を究める」ことに偏し、既存の大学、特に帝国大学の文科・理科との差異が見えにくくなる一方で、教員養成からも距離を置いた大学という性格を帯びることとなった。船寄の言を再び借りるなら「アカデミズムの「呪縛」」である。

　以上をまとめるならば、日本の大学においては、中国の「書院」とは異なり、専門とする学術の蘊奥を究める場としての西洋の大学観が強かった。それゆえ、20 世紀に入って高等師範学校の大学昇格運動が起きた際にも、教員養成を行う師範学校と、大学との融合はなされなかった。中等学校の教員養成という面から見れば、第 1 章（23 頁）に述べたように、高等師範学校の外に無試験検定の指定学校という形で大学が関わり、許可学校という形でさまざまな専門学校・各種学校が関わり、さらに文部省による検定試験が設けられるなど、多様なルートが並立する形となり、教員養成という営みを大学教育の中にどう位置づけるかの合意は得られない状態が続いたのである。

2.2　初等教員養成と大学

　このように、教員養成と大学に関わる議論は、態様の差こそあれ、いずれもまず中等学校の教員養成を念頭に置いて行われている。その一方で、小学校等の初等学校の教員を養成する機関は、近代初期においては大学未満の教育機関として発足し、いずれの地域においても、初等学校の教員養成が大学で行われるようになるには長い時間を要している。日本においては 1940 年代後半からの戦後教育改革を契機として初等教員養成も大学（学士レベル）において行われることが原則となったが、これは占領政策のイニシアチブをとったアメリカのそれ（20 世紀初頭より、リベラル・アーツを基本とする学士課程を基層に置き、その上に教職専門のプログラムを置く形を採った）とともに、世界的に見ても早い部類に属する。日本以外の東アジア諸地域においては、1980 年

代に韓国と台湾においては師範学校を母体とした学士レベルの教育大学が創設され、そして1990年代に入ってから中国（本土）および香港において、学士レベルの小学校教員養成が始められている。

　初等学校の教員養成が大学未満の教育機関で行われてきた背景には、近代初期から義務教育として位置づけられた初等学校は、一部エリート層の高等教育への進学を前提とした中等学校とは異なり、量的に需要が大きかったという側面に加え、いわゆる「タッパンの法則」—1856年のミシガン大学のタッパン（Tappan, H.）総長の発言「教師は自分の教える学校よりも一段高い学校の教育を受けなければならない」—が支配的であり、初等学校の教員は中等教育レベルの養成教育を以て充分とする考えが根強かったことがある。また特に、日本のように小学校の教員が基本的に全教科を担当する全科担任制を採る地域においては、専門分化された各学問領域の教育研究を旨とする大学の組織は、教員養成の組織とは原理を異にするものでもあった。

　こうしたことから、初等学校の教員養成を目的とした師範学校は、初等教育を終えた者を入学させる中等教育レベルに位置づけられ、一方で中等学校の教員養成を行う大学は、師範学校とは異なる系統の中等学校から入学者を集める形（「初等学校−師範学校」「中等学校−大学」という同系繁殖の構造）が定着していた。日本で言うならば、師範学校が高等小学校卒を入学資格とする中等教育レベルの学校として各府県に置かれて小学校教員養成を担い、旧制の中学校−高等学校−大学と続くルートから一定数の中等学校教員が供給される、という二系統が並立したことがこれに相当する。

　それゆえ、20世紀半ば以降に初等教育の教員養成が大学（学士レベル）で行われるようになった際も、師範学校を母体とした初等学校教員養成を主目的とする大学は、域内の高等教育機関の中で独特の立ち位置を持つことになる。日本の「教員養成系大学・学部」というカテゴライズのされ方はまさにこれに相当している。他の東アジア諸地域においても状況は類似しており、韓国における「教育大学校」（全国に11校設置）は初等教育の教員養成に特化した単科の大学として一般の大学とは区別され、また台湾における「教育大学」（前

身は日本統治下の師範学校）も初等教育の教員養成を主に行う大学として位置づけられている（しかもこの両地域には中等教員養成を行う「師範大学」が先行して置かれている）。中国（本土）においては「師範大学」に、各教科の教育組織と並立させて初等教育の教員養成を目的とする組織（初等教育学院、初等教育専攻等）を設け、そこに中等師範学校（中等教育レベルの師範学校。小学教員養成を担う）を包摂するケースが多い[2]。

このように見てくると、初等教育教員養成という、近代初期からの大学のディシプリンとは異質の構成原理を持つ営みを軸に大学を構成し、なおかつその大学が近代初期からの伝統的な大学や他の高等教育機関や中等学校教員養成機関と比して後発の大学群として独自の位置づけを与えられることになるという展開が、少なくとも東アジア地域においては汎用性を持っていることがわかる。当然、そこには「大学」の中に初等教育の教員養成をどう位置づけるかの理念的な葛藤がある。

中華人民共和国香港特別行政区（以下、単に香港）における香港教育大学（2016年成立）がその前身校である香港教育学院から昇格するプロセスにおいても、その種の理念的葛藤がうかがわれる。香港教育学院は、1998年に教育学士課程を置き、大学教育資助委員会（University Grants Committee、以下UGC）[3]の管轄下で政府から運営費を補助される（資助）高等教育機関として認められながら、その後「大学」の名称を獲得するまで18年を要することになる。以下、その成立プロセスを具体的に見てみたい。

3. ケース・スタディ：香港教育大学の大学昇格プロセス

3.1 香港教育学院の大学昇格への動き

香港教育学院（The Hong Kong Institute of Education, HKIEd）は、域内の五

2）一例を挙げるなら、北京市にある首都師範大学の初等教育学院は、北京市の第三師範学校と、通州師範学校とを母体として1999年に設置されている。
3）香港特別行政区における政府の諮問機関。政府立の大学の認可や予算配分などの権限を持つ。

つの教員養成機関―羅富國師範専科學校（Northcote College of Education, 1939 年成立）・葛量洪師範専科學校（Grantham College of Education, 1951 年成立）・柏立基師範専科學校（Sir Robert Black College of Education, 1960 年成立）・香港工商師範學院（The Hong Kong Technical Teachers' College, 1974 年成立）・語文教育學院（The Institute of Language in Education, 1982 年成立）―を統合して 1994 年に香港・大埔区のキャンパスに設立されている。この母体となった五つの高等教育機関はいずれも中等後教育のレベル（準学士）であったが、香港教育学院は 1998 年より教育学士課程を持つ大学相当の教育機関となった。2020 年現在で香港には、教員養成プログラムを提供する機関は他に 5 校[4] 存在し、香港教育大学を含む 6 校で毎年の教員養成プログラムの量的な調整を行っているが、小学校の教員養成に関わるプログラムは香港教育大学がほぼ独占[5]しており、域内の小学校教員のおよそ 8 割のシェアを占める。

　1994 年に設立されて以降、香港教育学院の大学昇格への動きは比較的早期から見られた。UGC 管轄下にある 8 校の高等教育機関の中で唯一「学院」（institute）という名称を持つために他の「大学」（university）よりも格下の印象を与え、優秀な入学者の確保に困難を来すということが、設立当初よりの教員たちの印象としては強かった[6]ことが大きな動因のひとつであった。

　1998 年に香港教育学院は学士課程（教育学士, Bachelor of Education）を設置し、学士レベルでの初等学校教員養成のプログラムが始められた。これは、大学昇格へのプロセスとしての意味合いを持つとともに、香港特別行政区における教員の資質向上策として、学士レベルの養成教育を受けた人材で初等教育を担うという政府の方針（All graduate, all trained）に沿ったものである（Lai 2009）。以後、2005 年に教育の修士課程（Master of Education）を設置、さ

---

4) 香港大学（The University of Hong Kong）・香港中文大学（The Chinese University of Hong Kong）・香港バプティスト大学（Hong Kong Baptist University）・香港理工大学（The Hong Kong Polytechnic University）・香港公開大学（Hong Kong Open University）の 5 校。
5) 香港教育大学以外で提供されている小学校教員養成のプログラムは、2019-20 年度においては香港中文大学と香港大学における小学校英語教員の学卒後課程のみである。
6) 粱恩榮博士（Dr. Leung Yan-wing, 香港教育大学客席副教授・元教職員会会長）へのインタビューによる（2017 年 3 月 6 日）。

らに 2007 年には博士課程（Doctor of Education）を設置している。また、2004年には政府より、他の UGC 管轄下の高等教育機関同様に、内部質保証を自律して行える高等教育機関としての認定（自我評審資格 Granted Self-accrediting Status）を受けている。

当時の Paul Morris 校長（第三代、在任 2002-2007）は、任期末の 2007 年 6 月に UGC に対し大学昇格の発展計画書（Development Blueprint: Becoming a University of Education）を提出し、UGC の審査を受けることとなった。

これ以前から、香港教育学院が大学に昇格する際のオプションとしては、単独の教育大学となる（stand-alone）か、既存の大学と連携してその中の一組織となる（partner with an existing university）かの二つが想定されていた。後者のオプションを採る場合の提携先として有力視されたのは、地理的な近さ（直線距離で約 4km）や既に教育学院を持っている点などから香港中文大学（沙田区）であり、同大学の李国章校長（Arthur Li Kwok-cheung, 在任 1996-2002）は、同大学と香港教育学院との合併を提案していた[8]。のちに李国章は政府の教育統籌局（現・教育局）局長に転じ、香港の施政権復帰後の、中国（本土）モデルの 6-3-3-4 制への移行などの一連の教育政策の中で、香港中文大学への香港教育学院の併合を指示し、香港教育学院の Paul Morris 校長もこれを受け入れる意向を示した。これに対し、香港教育学院の教職員には、自律性を担保するうえで単独昇格を支持する者が多く、李国章局長や Paul Morris 校長への反発が強まった。こうした流れの中で、2007 年に任期の切れる Paul Morris 校長の再任を校董会が否決し、これに対して李国章長官は香港教育学院の 4 名の教員の辞職を要求するという騒擾となった（香港教育学院風波）。

この後半年ほど香港教育学院の校長ポストは空席となるが、続く張炳良校長（第四代、Anthony Cheung Bing-leung, 在任 2008-2012）は着任直後より「教大理想」をスローガンに掲げ、単独昇格をめざした対外的な活動を積極的に

---

7) 中国の大学（香港を含む）における「学院」は、当該学問分野における教育・研究を行う基本組織。日本で言う「学部」「研究科」相当。
8)《明報》2002 年 4 月 19 日付。

展開していくことになる。2009 年に張炳良校長の呼びかけによってアジアの教育系大学 30 校の学長が集まってのラウンドテーブル（the Asian Roundtable of Presidents of Universities of Education, ARPUE[9]）が開かれ、以後おおむね二年に一度の集まりが継続的にもたれているが、そこでのホスト役を香港教育学院が務めることは、教育研究の国際的な拠点としてのアピールの側面をも持っていると見ることができる。

3.2 2009 年 UGC レポートの指摘

2007 年に香港教育学院から提出された発展計画書は、UGC のレビュー・グループによる審査にかけられ、それを受けて教育局は 2009 年 6 月 24 日に大学昇格を却下する裁定（Education Bureau 2009）を下している。

レビュー・グループのレポートや、それを受けた教育局の裁定は、香港特別行政区の教員養成における水準向上や、教育の実践的な研究の発展などに果たした香港教育学院の働きを高く評価しつつ、単科のままでは大学となるには不充分であると結論づけたのである。

この、「単科でない大学」の具体的な要求を当時の新聞報道から拾うと、たとえば UGC 主席の史美倫（Laura Cha）は、「香港教育学院の提供しているダブル・ディグリープログラムは、教員養成に方向付けられていないプログラムが全て他の教育機関で教えられているので、単独の大学としての要件を満たしていない」としており[10]、これに対して張炳良校長は「われわれのやってきたことは間違いないが、さらに昇格に向けての動きを加速させる必要がある」と述べている[11]。

---

9) ARPUE の第一回は 2009 年 5 月、第二回は 2011 年 11 月にそれぞれ当時の香港教育学院で開催されている。以降は参加大学の持ち回りとなり、第三回は 2013 年 11 月にマレーシアのスルタン・イドリス教育大学で、第四回は 2016 年 2 月に韓国の光州教育大学校で、それぞれ開催されている。

10) 'UGC rejects HKIEd's university bid', The China Daily（Hong Kong Edition）《中国日報》香港版, 2009 年 2 月 18 日付。

11) 'HKIEd's university dream is still alive', South China morning Post《南華早報》, 2009 年 2 月 18 日付。

教育局による昇格却下の裁定に添えられた UGC レビュー・グループのレポートは、以下四点を勧告している。

1) 単科の教育大学が UGC 管轄外のものとして設置され、他の戦略を持って香港教育学院の教員養成と香港の高等教育の質的向上を果たすこともあり得る。

2) 香港教育学院は、以下三点を優先的に進めるべきである：香港域内における教員養成の戦略的発展、教育に加えて他のディシプリンを発展させること、研究の発展と研究方法のトレーニング環境を充実させること

3) 香港教育学院は、以下二つのオプションを探るべきである。(a) 複数ディシプリンを持つ高等教育機関として、教育領域に焦点化するとともに他の領域を含む学士課程と大学院課程、および研究体制を整えること、(b) 既に存在する大学と連携し、総合的な学習と研究環境を整備する中で、香港教育学院とその大学との合意に基づいて発展させていくこと。

4) 政府は、香港教育学院の発展のために新たな追加予算措置を講ずるとともに、教員養成に関わる人事についての柔軟な取り扱いを続けること。

以上に見るように、香港教育学院が大学 (university) に昇格する際に最も重要なポイントは、単に教育の分野で優れた人材養成や研究成果の実績を積むことではなく、他の分野も併せ持つ総合大学としての実質を備えること、つまりは複数ディシプリンを持つこと、なのである。

3.3 非教員養成課程の整備と大学昇格

この後、香港教育学院では、上述のオプション (a)、つまりは単独で複数ディシプリンを持つ大学として昇格すべく、教員の養成を主目的としない教育研究組織の整備を行っていく。それは具体的には、教育分野以外での学部及び大学院プログラムの整備を意味する。

教員養成を主目的としない学士課程としては、語文研究（文学士 Bachelor of

Arts in Language)、全球及環境研究（理学士、Bachelor of Science）の二専攻が2010年に設けられ、翌2011年に創意與芸術文化（芸術学士 Bachelor of Arts）、さらに翌2012年に心理学（社会学士 Bachelor of Sociology）が相次いで設けられ、従前の教育学士課程を加えて5つの学士課程が並立する形を採った。学部段階の教育組織も、教育及人類発展学院（Faculty of Education and Human Development）・人文学院（Faculty of Humanities）・博物及社会科学学院（Faculty of Liberal Arts and Social Sciences）の三つに再編されている。また大学院においては、従前の教育分野での修士・博士学位（いずれもプロフェッショナル学位）課程に加えて学術博士（Doctor of Philosophy＝アカデミック学位）のプログラムを整備し、2013年に第一号の学位を授与している。これら、教育分野以外の各プログラムに関しては、香港域内の大学や職業専門学校等に対する分野別評価を担う香港學術及職業資歷評審局（Hong Kong Council for Accreditation on Academic and Vocational Qualifications, HKCAAVQ）が2014年に認証を与えている。

張炳良校長は、2009年のUGCレポート以降に香港教育学院が行った一連の対応策とその後のプランを2012年にまとめ、その後を引き継いだ張仁良校長（Stephen Cheung Yan-Leung, 第五代, 在任2013-）が2014年7月に改めて教育局に対して大学昇格の申請書（Final Preparation for University Title）を提出し、これが再びUGCの審査にかけられることとなった。

UGCは前回同様にレビュー・グループを組織して審査に当たった（University Grants Committee 2015）。審査は「見通し・ミッションおよび戦略的方向性」「学術的な拡がりと科目の総合性」「ガバナンス」「学術水準と質保証」「研究成果と研究能力」「研究スタッフとそのサポートスタッフ」「リソースとその維持体制」の七つのクライテリア（下位項目の合計数は14）に及び、2015年9月に出されたレポートにおいて「本レビュー・グループは、香港教育学院が「大学（university）」のタイトルを使うことの正当性が現在は完全に保証されているという結論に達した」として、昇格を認めた。

その後、学内の意見を基に候補とされた「香港教育大学」（The Education

表 2-1　香港教育大学と東京学芸大学

香港教育大学	大学名 (現行)	東京学芸大学
羅富國師範専科學校 (1939) 葛量洪師範専科學校 (1951) 柏立基師範専科學校 (1960) 香港工商師範學院 (1974) 語文教育學院 (1982)	被併合校 (各前身校の 創設年度)	東京第一師範学校 (1873) 東京第一師範学校女子部 (1900) 東京第二師範学校 (1908) 東京第二師範学校女子部 (1944) 東京第三師範学校 (1938) 東京青年師範学校 (1920)
1998 年 (香港教育学院)	学士課程	1949 年 (東京学芸大学)
教育学士 (1998-) 文学士・理学士 (2010-) 芸術学士 (2011-) 社会学士 (2012-)	学士の種類	学芸学士 (1949-) →教育学士 (1966-) →学士 (教育学) (1992-)
博文及社會科學學院・教育及人類發 展學院・人文學院	学部組織	学芸学部→教育学部
2005 年 (研究生院)	修士(碩士)課程	1966 年 (教育学研究科)
教育碩士 (プロフェッショナル学位) 文学碩士・理学碩士・社会科学碩士 (アカデミック学位、2010-)	修士 (碩士) 学位の種類	教育学修士→修士 (教育学) (アカデ ミック学位) 教職修士 (専門職) (プ ロフェッショナル学位、2008-)
2007 年 (研究生院)	博士課程	1996 年 (連合学校教育学研究科)
教育博士 (プロフェッショナル学位) 文学博士・理学博士・社会科学博士 (アカデミック学位、2010-)	博士学位の種類	博士 (教育学) (アカデミック学位)

University of Hong Kong, EdUHK) の名称が行政会議で認められ、《2016 年香港教育學院 (修訂) 條例》に基づいて 2016 年 5 月 27 日に大学として発足することとなった。十数年をかけて「教大理想」が実現されたのである。

4. 日本の「教育学部」への示唆

4.1　戦後日本における学芸大学(教育系単科大学)の成立

　このような香港における教員養成機関の大学昇格プロセスを念頭に置いて日本の「教育学部」、なかでも教育系単科大学のありようを見てみるとどうなるか。以下、東京学芸大学を主な素材として検討してみたい。

　東京学芸大学は東京第一師範学校 (前身校は 1873 年成立。以下の各校におい

ても前身校の成立年を記す)・同女子部 (1900 年成立)・東京第二師範学校 (1908
年成立)・同女子部 (1944 年成立)・東京第三師範学校 (1938 年成立)・東京青年
師範学校 (1920 年成立) を統合して 1949 年に発足している。

　両校の大学としてのスタートには 67 年の開きがあるが、香港教育大学も東
京学芸大学もいずれも政府立で、なおかつ域内の複数の教員養成機関を統合
して誕生し【表 2-1】、初等学校教員養成を主なミッションとした域内唯一の
高等教育機関であるという点で共通点を持つ。のみならず、香港においては
1997 年の施政権の中国への返還とそれに伴う教育制度の転換[12]、日本 (東京)
においては 1945 年のポツダム宣言受諾とその後の占領政策の中での教育制度
の転換、というように内在的な要因よりは「外圧」を基に初等学校教員養成
が大学レベルに昇格している点でも共通点を持っている。

　ただし、その内実は、香港教育大学の場合と東京学芸大学のような日本の
教員養成系単科大学の場合とでは大きく異なっている。

　よく知られているように、日本の戦後教育改革は、第一次アメリカ教育使
節団 (1946 年 3 月来日)、およびそれに協力した日本側教育家委員会、さらに
は同委員会のメンバーを主に構成された教育刷新委員会などの議論を元に展
開され、アメリカモデルの 6-3-3-4 の単線型学校制度への移行を基本として
進められている。そして使節団報告書においては、「師範学校はもっと優れた
専門的 (教師としての) 準備教育と、更に十分なる高等普通教育を施すように、
一層高い水準で再組織されねばならぬ。すなわちそれは教師を養成するため
の専門学校または単科大学となるべきものである」と結論づけられ、教員養
成に特化した高等教育機関の創設を提案している (岩田 1991)。

　しかしながら、その後の教育刷新委員会を主な舞台として論じられた教員
養成改革論においては、いわゆる師範教育批判—「師範タイプ」と俗称され
る視野の狭い教員の資質に対する批判—が根強く、高等教育機関を再編する
中で教養教育を充実させるべきという方向で議論が展開された。この議論は

---

12) 英国モデル (6-7-3) から中国 (本土) モデル (6-3-3-4) への移行。詳しくは大和 (2012)・山田
　　(2011) 等を参照。

同委員会第34回総会 (1947年5月9日) における建議「教員養成に関すること (其の一)」において「小学校、中学校の教員」は主として「教育者の養成を主とする学芸大学を修了又は卒業したる者」から採用する、とされた。ここでの「学芸」はリベラル・アーツを意味するもので、あらゆる学問の基礎にある幅広い教養が、まず大学に必要な要素として求められたのである。

それは当時文部省で教育刷新委員会の議論に関わって日高第四郎が回想する中で「教育刷新委員会で口癖のようになって言ったことは「専門バカをつくるな」ということであった。旧制大学においては一年から専門に取り組み、どちらかと言えば専門以外は感知せずという専門バカをつくり易かった。一方、師範学校みたいに自立した主体なしに教えることだけが専門であるというような専門バカも作ってはならない。大学は学問研究の場であると同時によりよき市民としての広い視野と深い教養を持つ人間の育成の場としてもあらねばならず」(東京学芸大学二十年史編集委員会 1970：11) と述べていることにも重なる。

そしてその後、これらの建議に基づいて師範学校を新制大学に改組転換していく際に、1948年の6月末から7月にかけて文部省および民間情報教育局 (Civil Information & Education Section, CIE) から示された「国立大学設置に関する一一原則」の第一「国立大学は、特別の地域 (北海道、東京、愛知、大阪、京都、福岡) を除き、同一地域にある官立学校はこれを合併して一大学とし、一府県一大学の実現を図る」とされ、この一府県一大学原則から外れた6都道府県と、女子の高等教育振興のために別枠で奈良女子高等師範学校が単独で奈良女子大学となった奈良県の計7都道府県にのみ、それぞれの地名を冠した学芸大学が創設されることとなった。この7校の学芸大学は設置当初においては学芸学部のみを置き、養成する教員の学校種と免許種に基づく課程−学科目制の教育組織を採った。

そして、旧制の師範学校と青年師範学校のみを母体としたこれら学芸大学は、三・四年次にそれぞれの専門課程に分かれるものの、主に前半の二年間においては幅広い教養科目を学ぶものとして発足した。実際、1949年発足時

の東京学芸大学は、三年次・四年次の専門課程を世田谷（旧東京第一師範学校男子部）に置くとともに、他の分校（小金井・大泉・竹早等）には教養課程と二年課程が置かれる形となっており、四年制の学士課程における教養教育と専門教育はほぼ等しい比重を持っていたのである。

その後、1960年代の政策動向の中でこれら学芸学部はより教員養成への目的性を強めた教育学部へと改組転換し、さらに1980年代後半からは教員養成を主目的としないいわゆる新課程（ゼロ免課程）を設けるに至る（第4章参照）。

4.2　日本の「教育学部」とディシプリン：比較からの示唆

このように、日本における教育系単科大学（主に東京学芸大学）の発足・展開過程を香港教育大学のそれと引き比べてみると、いくつかの興味深い論点が浮かび上がってくる。以下、主なものを挙げておきたい。

第一に、香港においても日本においても、初等教育の教員養成を主目的とする機関の大学昇格は外圧を契機としている点で共通している。しかしながら、日本においては前述の「国立大学設置の一一原則」によって、北海道・東京・愛知・大阪・京都・福岡および奈良においては旧制の師範学校・青年師範学校が学芸大学として単独昇格する以外の現実的なオプションを奪われた（逆に言えば他県の師範学校は単独昇格のオプションを奪われた）のに対し、香港教育学院の昇格に当たっては、単独昇格（stand-alone）のほかに総合大学（具体的には香港中文大学）との統合というオプションがあり、前者を主体的に選び取っているという点で大きく異なる。

第二に、双方の教員養成機関が大学に昇格する際に重視された要素が異なる。香港教育学院の大学昇格に際して問われたのは複数の学問分野にまたがる総合的な教育・研究のディシプリンであったのに対し、日本の学芸大学の発足に際してまず求められたのは、旧来の師範学校が持っていた閉鎖的な性格と、そこで養成されてきた識見の狭い「師範タイプ」を脱して幅広い教養教育（リベラル・アーツ）に基づく学士課程教育の中で初等学校を含む教員養成を行うことであった。端的に言えば、教員養成を大学と名のつく高等教育

機関となるに際して、香港では教育以外のディシプリンが、日本ではベースとなるリベラル・アーツが、それぞれ最優先されたのである。

この第二の点は、戦後に発足した日本の「教育学部」、特に国立の教員養成系単科大学の現在に至るありようを、少なくとも二つの角度から照射してくれる。

ひとつは、学位・称号との関係である。日本の旧制師範学校・青年師範学校は、浪速大学教育学部（府立）となった大阪青年師範学校を除いて新制の国立大学の学芸学部もしくは教育学部となり、[13] その卒業者は、取得が要件となっている免許状とともに「学芸学士」「教育学士」の称号を得た（のち 1960 年代後半の学部名称変更に伴って「教育学士」に一本化され、1991 年の大学設置基準の改訂に伴って「学士（教育学）」学位となって現在に至る）。それは「学芸学」「教育学」を学士レベルまで修めたという証ではなく、学生の大半は教科ごとに分かれた課程 − 学科目制の教育組織の中で特定の教科に連なる内容を軸に学士課程を修めており、その意味での「学士」なのである。この点、香港教育大学では、たとえば学士課程で英語教育を専攻した場合、その学位は教育学士と文学士（英語学）のダブル・ディグリー[14] となり、修得した学問の内容が明示される。対して東京学芸大学で英語教育を専攻した場合、得られる学士学位は教育学のそれ一つなのである。

その後に整備が進む大学院のありようにも、同様の影響が見られる。東京学芸大学に大学院教育学研究科が設けられたのは 1966 年であるが、その組織は、それぞれの教科専門科目につながる学問分野ごとの講座を基調としたものであり、授与される学位はアカデミック学位（教育学修士 = Master of Arts in Education）であった。東京学芸大学はさらに 1996 年に連合形式の博士課程を設けるが、そこでの学位もアカデミックなもの（博士（教育学）= Doctor of

---

13) 教育学部が置かれるか学芸学部が置かれるかは、基本的には同じ新制大学内に旧制の高等学校を含むか否かによって分かれた。新制大学の教養教育は原則として旧制高等学校を引き継いだ部分に委ねられたが、同一県内に旧制高等学校がない場合は、旧制師範学校が学芸学部として教養教育と専門教育の双方を担当した。

14) このような事情もあって、香港教育大学の学士課程で教員資格（QTS）を取得する場合、通常は 5 年制のプログラムが提供されている。

Philosophy in Education) であった。東京学芸大学などの日本の教員養成系単科大学でプロフェッショナル学位としての教職修士 (Master of Education) が与えられるようになるのは 2008 年の教職大学院発足の後のことである。つまり、日本の教員養成系単科大学はアカデミックな学位に連なる大学院の整備を先行させたが、そこでは教育学のディシプリンが主流ではなかった。このことも、香港教育学院が最初に 1998 年に設置した碩士 (修士) 課程プログラムが、現職の教員を対象とした教育碩士 (Master of Education =プロフェッショナル学位) であったことと対照的である。

　もうひとつは、この点にも関わるが、日本の国立教員養成系大学・学部は教育学の学士・修士・博士課程を持ちながら、統合の軸としての教育学が定まっていないということである。第 3 章に詳述するように、日本における大学のアクレディテーションを企図して設けられた大学基準協会においては、教育学に関わる基準の整備は遅れ、また旧制帝国大学などに設置された教育学研究を旨とするそれと、旧制師範学校を母体とした大学の教員養成系学部との双方を包摂するような概括的な基準となったために、基準としての効果は薄かったのである。その一方で、こうした学部において、特に小学校の教員養成プログラムは統合の軸を欠いた形で提供され続けてきた。教育学士を輩出しつつも、そこでの教育学自体は教員養成との関係が曖昧なまま、教育職員免許法の定める他律的な枠組みに沿う形で学士課程カリキュラムの一部に置かれてきたにすぎないのである。

　このことの一因は、教員審査の在り方にも求められる。旧制師範学校・青年師範学校が新制大学の学部になるに際しては、教員スタッフに学問的な業績に欠ける者が相当数おり、大学教員としての審査をパスするのに難儀したケースが多く見られるもの。しかしながらそれは教育分野に関わる教育・研究の学問業績のみが求められたわけではなく、特定のディシプリンに偏しないリベラル・アーツの学部を構成するスタッフとして適切な水準の、それぞれの分野での業績が求められたということなのである。その後に整備が進む大学院教育学研究科の担当教員 (㊒・合) の審査においても、それぞれの分野

での業績が基本になるという点で同じ性格を持っている（第4章参照）。それゆえ、教育学部・教育学研究科を標榜しつつも、教育学のディシプリンを持たない教員が多数を占める、奇妙な組織が生まれることとなったのである。

　以上見てきたように、日本で旧制師範学校を大学の中に位置づける際、「教育学部」でありながら教育学のディシプリンとの関係が曖昧でかつ錯綜した組織形態を取ってきたことが、その後の日本の教員養成政策の中で、しばしばターゲットとされる展開につながっている。たとえば2000年に文部省（当時）が設置した「国立の教員養成系大学・学部の在り方に関する懇談会」以来、いわゆる教科専門領域の教員たちの教育・研究のあり方が、教員養成を主目的とする大学にありながら他の大学と類種の、専門科学のディシプリンに傾斜していることが指摘され（第4章参照）、これが近年の、教職大学院一本化への伏線となったとも捉えられる。

　さらに、ディシプリン不在の「教育学部」の延長線上に、21世紀に入ってからの新自由主義的な教育改革において行われた規制緩和（抑制策撤廃）を期にした「教育学者なき教育学部」の生成、といった展開も生じてくるのである。これについては第7章で詳述したい。

第3章

日本の「教育学部」と
教育学

　前章で見たように、日本の新制大学の「教育学部」が創設される際にまず重視されたのは幅広い一般教養であり、教育学そのものではなかった。

　この章では、戦時下～戦後教育改革期の日本の大学における教育学の展開と「教育学部」の構想・創設に至る経緯を整理するとともに、旧制のさまざまな高等教育機関が新制大学に包摂された中の一部局としての「教育学部」の他との関連や、他の諸学問と比した際の教育学の在り方について、創設期の大学基準協会の動向を基に、現代につながる課題を検討したい。

1. 問題の所在

1.1　「教育学部」の錯綜

　日本の大学に教育学部が誕生したのは、1949年の新制大学の発足時のことであった。それらは大別すると、(1) 旧制の帝国大学を母体とした大学（東京・京都・北海道・東北・名古屋・九州）に設けられたもの、(2) 旧制の文理科大学および高等師範学校を母体とした大学（東京教育・広島等）に設けられたもの、(3) 旧制の師範学校を母体としたもの（いわゆる教員養成系学部）の三種になる。(2) に類する私立大学の教育学部としては早稲田大学のそれ（前身は高等師範部）などがあり、(3) には学芸大学と学芸学部がある。本書ではこれらを含め、日本の大学において「教育学研究・教育学教育・教員養成の少なくとも一つを担うセクション」を広く「教育学部」と呼んで対象としているが、カギカッコのない教育学部に限っても、それぞれ前身となった高等教育機関との関係に根ざす組織や内容の違いがあり、統一したイメージを描きにくい。

　教育学部と教育学との関係も、これに対応して錯綜している。教員養成との関わりで言えば、(2) が中等学校教員養成、(3) が初等学校教員養成を主目的とする組織を母体にしているのに対し、旧制からの大学の教育学講座を母体にした教育学部（特に (1)）は、教員養成との直接的なつながりは弱い。そうした出自の違いは、それぞれの教育学部における教育学のありように投影されている。加えて (3) の教育学部においては、教職専門（教育学関連）よりも教科専門（各教科の背景をなす諸学問）の比重が高く、学士課程における教育学が必ずしも核になっているわけではない。

1.2　教育学部における「学」と「学部」

　一方、戦後改革期に発足した新制大学の学部組織においては、旧制大学のそれが踏襲されており、たとえば大学設置基準（1956年）においては「学部の種類は、文学、法学、経済学、商学、理学、医学、歯学、工学及び農学の各

学部、その他学部として適当な規模内容があるとみとめられるもの」とされ、学士の種類も 29 に制限され、学部名称と学士の種類は概ね対応していた。言い換えれば、「○○学」の教育組織が「○○学部」であり、その卒業生が「○○学士」となる、という「学」「学部」「学士」の対応関係によって大学組織は基本的に構成されてきたのである。これが抜本的に改められたのがいわゆる大学設置基準の大綱化 (1991 年) であり、そこでは学部の例示が削除されるとともに学士の種類の制限も撤廃され、以後に上述のような「学」「学部」「学士」の対応関係に拠らない学部組織が多く登場することになる。

　しかしながら、教育学部に関して言えば、発足当初よりこの大綱化を先取りしていたとも言える。旧制師範学校を母体とした教員養成系の教育学部 (3) について言えば、必ずしも「教育学」を軸とした教育組織ではなく、教育界で活躍する人材の養成を行う学部としての性格を基本にしたものであり、にもかかわらず卒業生は (1) (2) と同じく「教育学士」となったのである。一方、特に旧制帝国大学を母体とした教育学部 (1) について「ポツダム学部」と揶揄されたのは、先の例示にあった旧制以来の各学部と比して独立した学部を構成するだけの「教育学」が日本に定着していないにもかかわらず、占領政策に強く導かれて発足した (ポツダム宣言受諾によって不本意ながら作られた) という見方が旧来の大学人に多かったことの表れとも捉えられる。

1.3　大学基準協会への着目

　このような、日本の大学における「教育学部」と教育学についての従前の研究は、上記 (1) (2) (3) あるいは私学など、母体となった旧制高等教育機関の態様と関連づけて大学の類型ごとに多く行われてきており、一定の蓄積を持っている (TEES 研究会 2001 ほか)。そしてそれらの基になる個別の高等教育機関に関する歴史研究に関わる史料の整備も、近年のアーカイブの発達とともに進行してきている。

　しかしながら、戦後日本の「教育学部」とそこでの「教育学」、さらにはそれらと教員養成との関係についての共通概念や全体像は、こうした視角から

の研究では解明しにくい憾みがある。

　そこで本章では、戦後教育改革期の日本の新制大学における「教育学部」の発足にあたって、まずは前史としての戦前・戦時下の日本の大学における教育学の組織化の状況を概括する（＝「2」）とともに、戦後改革期における大学基準協会（Japan University Accreditation Association、JUAA, 1947 年創設）の発足時における「教育学」の捉えられ方を検討し（＝「3」）、その後の展開の中での「教育学部」がいかなるものとして認知されていったかを同協会による会員登録状況を主な手がかりとして検討し（＝「4」）、それらをまとめるとともにその後の「教育学部」の課題を提示する（＝「5」）ことを試みる。

　本章で着目する大学基準協会とは、大学の設置に関しての制度的なチャタリング（chartering ＝設置認可。以下単にチャタリング）よりは、それぞれの大学や学部の内部における教育・研究の水準がいかなるものとして評価されうるかというアクレディテーション（accreditation ＝相互認証による適格判定。以下単にアクレディテーション）の機能を担うべきものとして設けられた組織である。それは以下に述べるように、日本国内における国公私立の大学を横断的に束ねた組織であり、そこで戦後に新たに登場した学部である「教育学部」のありようや、そこでの「教育学」が他の諸学問との相互的関連の中でどのように位置付いていたのか、といった諸課題を検討していく際の好個の素材であろうと見られるのである。

2.「教育学部」誕生前史—戦時下までの教育学研究・教育学教育・教員養成—

2.1　教育学研究の「場」の限定性

　戦後改革期の「教育学」論を検討する前史として、戦時下までの日本における教育学研究・教育学教育・教員養成の態様について概括しておきたい。

　戦前期におけるアカデミックな教育学研究の場としては、東京（1893年設置、1919年に文学部内の教育学科として独立）・京都（1909年設置）・東北（1923年設置）・

九州 (1925 年設置) の 4 帝国大学に教育学の講座が置かれていた。とは言え、独立した学科として 5 講座を有していた東京以外はそれぞれ 1 講座のみの編成であり、規模としては比較的小さいものであった。また、1929 年に設置された東京文理科大学・広島文理科大学にも教育学の講座が置かれ、教育学教育と教育学研究との機能を担っていた。しかしながら、こうした旧制大学における教育学研究・教育学教育は量的にも質的にも決して充分とは言えず、それゆえ独立科学としての教育学についての広い認知を得ていたとは言えない状況があった。

　一例として、大学単位の固有の教育学関係の研究誌 (ジャーナル) の少なさを挙げることができよう。東京帝国大学の教育学研究室は『教育思潮研究』(1927 年創刊) という独自の研究誌を持ってはいたものの、他の帝国大学にはその種の教育学系の研究誌は存在していなかった。そして東京文理科大学が『教育学研究』(1932 年創刊)、広島文理科大学が『教育科学』(1933 年創刊) を刊行していたのと合わせ、戦前の大学から定期的に教育系の研究誌が刊行されていたのは三種にすぎない。これはたとえば、経済学や商学の分野において全ての帝国大学・多くの官立専門学校・私立大学がそれぞれ個別の研究誌を持ち、研究情報の交流が活発に行われていたのに比して立ち遅れていた。

2.2　学会組織の「官製」性

　また、戦時下までの教育学系の学会組織に着目すると、全国規模の最初の教育学系の学会組織は 1936 年に作られた日本諸学振興委員会の教育学会であった。この「学会」の創設や運営にあたっては文部省 (1937 年より教学局に移管) が主導し、帝国大学・文理科大学のほか、高等師範学校や師範学校等の教員を含めた数百人規模の学会が組織された。

　この日本諸学振興委員会の教育学会は他分野に先立って 1936 年に設けられ、それ以降概ね年一度の学会大会を開催し、研究報告集を刊行している。同「学会」の詳細については他の研究 (駒込・川村・奈須編 2012) に譲るが、この「学会」がきわめて国家 (政策) 主導的なものであり、各回の学会の主題

が文部省・教学局によって定められた上でプログラムが組まれていたことに加え、学会の「参加者」（主に高等教育機関や研究施設に属する研究者）のほかに、開催地近隣の初等・中等学校教員たちの相当数が「傍聴者」として動員され、ある種の現職再教育の機能をも持っていた。

これに対して教育学研究者たちが自発的に組織した趣の濃い日本教育学会の創設は5年遅れの1941年であり、規模的にはこの日本諸学振興委員会教育学会に遠く及ばない。このように、戦前・戦時下における日本の教育学は主に政策的に組織化される一方で、内発的・自律的な組織化は小規模にとどまっていた。

2.3 教育学教育・教員養成の国家統制

一方、旧制度下の教員養成の場としては、中等学校教員養成については旧来の高等師範学校4校（東京・東京女子・広島・奈良女子）に加え、戦時下に相次いで金沢・岡崎・広島女子（いずれも1945年創設）が創設された。これら後発の高等師範学校3校はいずれも理・家政系のみに限られた小規模なものであったこともあって、中等教員養成において大きな成果を生み出すに至らぬまま、それぞれ金沢大学・名古屋大学・広島大学の教育学部に包摂されることとなった。

また、初等学校教員の養成に関しては、戦時下の1943年に師範教育令が改められ、各府県の師範学校は府県立から官立に移管されるとともに、原則として中等学校（旧制中学校および高等女学校）卒業を入学の基礎資格とする三年制の専門学校と同程度に「昇格」した。しかしながら同時に教科用の図書が国定化され、以前の師範学校教授要目に基づく検定教科書の時代に増してカリキュラムや教育内容に関わる国家統制が強まった。

一例として、師範学校本科の「教育科教育」の教科書を挙げると、実際に刊行された『師範教育』（巻一・巻二・巻三）やその編纂趣意書などから見る限り（山田1965：57-58）、同時代的なアカデミックな教育学研究の成果が一定程度取り入れられたものとなっている。たとえば『師範教育』巻一（本科第一学

年用）においては、「教育ニ於ケル先哲ノ偉業」として過去の日本の為政者や皇室関係者などを中心とした「人」中心の叙述になっており、そこにはそれ以前の教育史研究の蓄積が反映している。しかしながら、こうした国定教科書における独自の体系は、戦時下において国家意識の涵養を日本独自の教育の蓄積に求めるという観点から採られた国家主義的な色彩の濃いものと捉えられる。教育史研究の成果が教員養成に反映されてはいるものの、それは決して教育学に内在するものではなく、総力戦体制下の国家目標にその成果が動員されたと見るのが妥当であろう。

　以上見てきたことから、戦前期から戦時下にかけての日本における「教育学」は、内在的な動き以前に、戦時下の状況を鑑みて政策的に組織化され、体系づけられたという性格を帯びていることがわかる。そもそも旧制の帝国大学の中では教育学研究の組織が充分に根づいてはいなかったし、また教員養成のための教育学教育は、師範学校の専門学校程度への昇格と同時に国家主義的に再組織されるという形で独自性を発揮させられたものと見ることができる。それゆえ、戦時下までの日本の大学において、「教育学」を独立した学問領域として認知する土壌が乏しかったとしても無理もないことである。

3. 大学基準協会における大学観・「教育学」観

3.1　文部省と CIE

　こうした「教育学」に関する認知度の低さは、教育刷新委員会をはじめとする日本の戦後改革期の議論の随所においても見られる（岩田 1990:84）。以下、そうした中で「大学基準」策定に至る大学基準協会の議論における「教育学」観を検討したい。

　その際、まず注意すべきは、戦後改革期における大学設立の基準に関する文部省と占領軍の民間情報教育局（Civil Information and Education Section, 以下単に CIE）との思惑のズレである。

　まずは CIE 側から見ていきたい。新制大学の基準を策定するにあたって、

CIE は、チャタリングのための基準とは別にアクレディテーションとしての基準を構想していた。いわば「二元論」的発想である。この根拠となったのは、第一次米国教育使節団による以下の三項目の勧告（1946 年 3 月 30 日）であった。

① 高等教育機関の設置認可と水準の維持の確認は、何らかの政府機関の責任において行われるべきこと、その政府機関は官僚ではなく、経験ある、信頼できる代表的教育者によって構成され、しかもその権限は、設置認可のための資格審査と水準維持のための監督に厳しく制約される。この政府機関の責任権限の行使は、高等教育機関の水準維持のための保護的制限としてであって、各学校の自律性に干渉し、統制を加えることであってはならない。

② この責任ある政府機関が設置認可にあたって審査の対象にする事項は、学校の目的、財源、予定の教職員、予定の営造物ならびに物的整備の計画、さらにその学校が当該地域に設置される必要性などである。これらの事項について、この機関は納得させられなければならない。

③ こうして設置を認可された高等教育機関の質的向上のために、高等教育機関の各種の協会が設立されなければならない。これらの協会を設立する手続きは、まず、種々のタイプの高等教育機関を代表し、かつ日本の教育界で尊敬されている教育者によって委員会を組織する、この委員会は協会の創立委員を指名するとともに、協会への加盟の資格条件となる明確な要件を決定する。この要件を満たした学校で設立された複数の協会は、相互に図書館利用、教授交換、学生交換などについて密接な協力を行うことができるようにする。

この勧告の延長線上に CIE のマグレール（T. H. McGrail）らは大学人の集団によるアクレディテーションのための機関を立ち上げる方向での働きかけを始め、後述するような「協議会」の設立に至る。

一方、文部省の意向としては、旧制度の「大学令」の施行規則である「大

学規程」の具体的な基準として機能していた「大学設立認可内規」を改正する形で、チャタリングのための「基準」を構想していた (戸田 1993:27)。設置基準の制定権に文部省が固執したことは、1947 年制定の学校教育法第 3 条に「学校を設置しようとする者は、学校の種類に応じ、監督庁の定める設備、編制その他に関する設置基準に従い、これを設置しなければならない」という文言に現れている。さらにはその基準の策定をめぐる文部省と CIE の主導権争いが、後述の「協議会」の運営にも投影されることになる。

　文部省と CIE は、戦後教育改革期の教員養成改革の全般においては比較的緊密な連関を持っていたと見られる中で、この点の対照は際立っていた。

3.2　「大学基準」の策定まで

　「大学基準協会」の母体となった組織は、1946 年 10 月 29 日に設立された「大学設立基準設定に関する協議会」(以下、単に「協議会」)である。この「協議会」は 1946 年中に 7 回の会合を行い、同年末までに旧制大学の「大学設立認可内規」の改正案という形で「大学設置基準要綱」を策定するに至った。この「協議会」の設立は、文部省学校教育局に対する CIE からの強い働きかけによるものであった。委員の選定は学校教育局が行い、その結果として東京近辺の、旧制からの伝統を持つ大規模な大学のみで構成されることとなった。「種々のタイプの高等教育機関を代表し、かつ日本の教育界で尊敬されている教育者によって委員会を組織する」という教育使節団勧告とはほど遠いものとなってしまったのである。具体的なメンバーは以下のとおりである。

※「大学設立基準設定に関する協議会」発足時のメンバー (五十音順)
石井　勗　　　　　(東京帝国大学事務局長)
石原恵忍　　　　　(大正大学学長)
伊藤貞敏　　　　　(早稲田大学教授)
上原専禄　　　　　(東京商科大学学長)
小池敬事　　　　　(千葉医科大学学長)

佐々木順三　　（立教大学総長）

橋本　孝　　　（慶應義塾大学教授）

升本喜兵衛　　（中央大学法学部長）

務台理作　　　（東京文理科大学学長）

和田小六　　　（東京工業大学学長[1]）

　ここで東京帝国大学だけが事務局長を出したのは、「大学基準というのは、司令部の人がその方に乗り込んで居る。これは大学の基準はやはり学制体系ですから、大学という問題についても向こうで作ったら困る[2]」という発言に端的に表れているように、当時の総長であった南原繁（教育刷新委員会副委員長）のCIEペースで大学改革が進められることへの危惧の念があったものと見られる（田中 1995：54）。この一件に象徴的に現れているように、南原は大学の自律性を守る立場から、新制大学の発足に際しての基準の策定に関しては終始距離を置いた。

　前述の、CIEと文部省との思惑のズレは、この「協議会」の運営にも現れている。この「協議会」は文部省（学校教育局）が運営にあたり、メンバーは教育刷新委員会に対して一定のオートノミーを有していた。しかしながら前掲の南原の発言に見られるように、実質的にはCIEの強い指導下にあり、このように位置づけの不明確な「協議会」によって新制の大学基準が策定されることに対しての疑義が呈されていたのである。

　さらには、この「協議会」の初期メンバーが全て旧制大学の代表者で構成されているという特質（限界）も看過しがたい。この点に関しては、教育刷新委員会の臨時委員であった稗方弘毅（和洋女子専門学校校長）などが鋭い批判をしていた。その意味において、この「協議会」は、旧来の大学観に根ざし、旧制大学の自律性（オートノミー）あるいは既得権を守るという志向を強く持っていたとみられる。

---

1) 和田は、後に大学基準協会の初代会長となる。
2)『教育刷新委員会第11回総会議事録』（1946年11月15日）。

旧制大学以外の高等教育機関が「協議会」に加わるのは、「大学設立基準設定協議会分科会総会」（1947年1月21日）からである。ここでは「文科系学部分科会」「理科系学部分科会」と並んで「女子大学分科会」が設けられた。委員は以下のとおりである。

※「女子大学分科会」メンバー
藤本万治　　　（東京女子高等師範学校校長）
星野あい　　　（津田塾専門学校校長）
大橋　広　　　（日本女子大学校教授）
石原　謙　　　（東京女子大学校校長）
吉川茂仁香　　（聖心女学院専門学校校長）

　いずれも女子を対象とした旧制の高等教育機関の代表者である。ここで「女子大学」を別の分科会として設ける発想はCIEによる女子の高等教育機関の拡充の構想の一環と見られる。翌1948年に津田塾・日本女子・東京女子・聖心女子および神戸女学院の私立女子大学五校が先行して新制大学として発足し、同年に出された国立大学の設置に関わる「一一原則」において「女子教育振興の為に、特に新制国立女子大学を東西二ヶ所に設置する」という一項目が入り、東京女子高等師範学校はお茶の水女子大学に、奈良女子高等師範学校は奈良女子大学に、1949年よりそれぞれ単独昇格するに至る。
　1947年3月25日に、この「協議会」は文部省の指導下から離れ、高等教育機関の連合体による自主的な運営団体として規定されることになるが、ここにもイールズ（W. C. Eells）やマグレールら、CIE担当官による直接的な指導がなされている。さらにマグレールは、ここまでの分科会の審議には地方の大学が入っていないとして、全国の大学による連合協議会を開くように働きかけた。そして同年5月12・13日に日本大学講堂において大学設立基準設定連合協議会が開催されたのである。ここに参加した大学が、同年7月に「大学基準協会」が創設される際の会員校となるのである。

その後1947年7月8日にこの「協議会」は11項目からなる「大学基準」を定め、「大学基準協会」に発展的に解消した。そしてこの「大学基準」は、アクレディテーションの基準であると同時に、翌1948年1月15日に文部省・大学設置委員会がこの「大学基準」を採択することによってチャタリングの基準にもなるという二重性を負うことになる。

そしてここまでの一連の動きにおいて、「協議会」-「大学基準協会」サイドは一貫してCIEの強い指導下にありながらも、文部省によるチャタリングをめぐる議論との関係においては常に先んじていたという点が指摘できる。これは、後述するような、アクレディテーション機関に役割が限定されていく以前の、初期の大学基準協会の特質と言えよう。

3.3 大学基準協会における「教育学」認識

では、こうした初期の大学基準協会の一連の動向の中で、「教育学」をめぐる議論の位相はどうだったのか。

そもそもこの時点においての「大学基準」は、旧制師範学校のような教員養成機関を想定しておらず、それゆえ教員養成と関連を持つ教育学を大学の中に取り込む発想は乏しかった。大学基準協会において教員養成に関わる議論が起こるのは教育刷新委員会の建議「教員養成に関すること」(1947年5月)以降に、現状追認的な色合いが濃いものとして出てくるものである。一方、また本章「2」で述べたように、戦時下までの日本の大学における教育学は旧制大学においても充分に根付いていたとは言えず、いずれにしても初期の大学基準協会の議論では教員養成や教育学部に関する論議は低調であった。

むしろ注目すべきは、この時期の大学基準協会における「教育学」は、一般教育科目としてのそれが先に検討されていたことである。実際、「大学基準」の第七条に定められた一般教育科目の中には「教育学」があるが、ここでの「教育学」は「人文科学分野」「社会科学分野」双方で挙げられており、位置づけの不明確さが看取できる。

そしてここでの一般教育の具体的な内容構成を検討すべく大学基準協会内

に設けられた一般教育研究委員会（1948年1月27日設置〜1952年10月28日廃止）は、1949年度以降相次いで3冊の報告書を出すが、その第二次の中間報告以降、「教育学」は社会科学分野の一科目として位置づけられることになる。しかしながら、第二次報告書において社会学・政治学・法学・経済学等、社会科学分野の他の諸学問については「コース・プラン」が示されているのに対して「教育学」のそれは示されておらず、1951年の最終報告書においてようやく「教育学」の「コース・プラン試案」が示されるに至るのである。

こうした一連の動向を見ると、新制大学発足時の大学基準において、「教育学」はそもそもその位置づけに不明確さを抱えるのみならず、内実の吟味についても他の社会科学系の諸学問に比べて遅れていたことがわかる。

このように、大学基準協会の創設に至る一連の議論においては、講座制を基本とした旧制大学の大学観が核にあり、そもそも「大学における教員養成」を取り込む発想は乏しかった。また、「教育学」の位置づけに関しても、旧制大学時代からの学部を構成していた諸学問に比べ、大学教育への位置づけに不明確さを抱えていたことがわかる。

4. 大学基準協会による「教育学部」の アクレディテーション

4.1 「教員養成基準分科会」の活動

「大学基準」策定後の大学基準協会は、基本的には文部省による設置認可（チャタリング）の後を追って、アクレディテーションつまりは相互承認による適格判定を担う機関としての性格を強めるに至った。そうした中、戦後教育改革期の「教育学部」の動向を検討する上で興味深い動向として、「教員養成基準分科会」（1948年2月24日設置〜1949年10月18日廃止）が挙げられよう。

この「教員養成基準分科会」は、CIEのカーレー（Carley, V. A.）の示唆によっ

---

3)『大学に於ける一般教育』（大学基準協会資料集第6号・第9号・第10号、1949・1950・1951年）。

て発足したものである（山田 1971）。この発足は、医学・歯学・薬学・神学・法学の各基準分科会に次ぐ 6 番目であり、他分野と比して比較的早い。メンバーの人選はカーレーの指示に沿って行われ、森昭・海後宗臣・石山修平・正木正・松田武雄・皇至道・佐々木重雄・矢田部達郎・平塚益徳の 9 名が任命された。全国の各地から、教育学・心理学の一線級の研究者が集められた点に特色がある。この分科会は 1948 年 3 月 11 日に「新制大学に於ける教職的教養基準策定に関する提案」を報告し、教職科目 20 単位などを提案した。

　しかしながら、既にこの時期には文部省が「教員免許法要綱案」（1947 年 10 月 29 日）を起案するなど、教育職員免許法（1949 年制定）の骨格が策定され、法整備が進められている状況下であった。それゆえこの「提案」が政策に関与した実効性は弱かったと見られる。このことは、後述する「学芸学部基準」をめぐる動向にも通底する。

4.2　旧制大学主体のアクレディテーション

　大学基準協会は、1947 年度の創立当時の定款で、「創立当初の会員は、五ヶ年以内に基準を適用して再審査を行い、基準に適合しないものは会員の資格を喪うものとする」と会員資格を定めた。これに基づき、1951 年度に会員大学相互による資格審査が行われ、翌 1952 年度からは、創立当初からの会員がその結果によって「正会員」（のちの「維持会員」）と「予備会員」（のちの「賛助会員」）とに分かれることとなった。また、大学自体は「正会員」として登録されても、学部単位では基準に満たないと判定された場合には「未登録学部」として扱われることとなった。

　1951 年度の第一回の審査にあたっては、とりわけ大学全体にわたる事項が重視された。学科の構成が不充分であったり、不完全講座を抱えていたり、専任教員比率が低かったりといった大学や学部がそれぞれ「予備会員（賛助会員）」「未登録学部」として置かれることとなった。結果としてこの第一回の審査を通って「正会員（維持会員）」となったのは 38 大学、学部が登録されたのは 106 に過ぎなかった。

そして、こうした一連の「会員相互資格審査」においてイニシアチブを取ったのが旧制からの大学であり、そうした中で旧制の師範学校を母体とした教員養成系大学・学部は新制大学を構成する教育組織の中では後発の、比較的劣位に置かれるものであった。そのことは、以下に見るような「学芸学部基準」の策定とその実際の運用に象徴的に現れているのである。

4.3 「学芸学部基準」の策定とその運用

　新制大学における教員養成を行う学部組織として、旧制師範学校は学芸大学・学芸学部・教育学部の三種類の教育組織へと改編させるプランが教育刷新委員会で具体化しつつある中で、1948年になってから大学基準協会の基準委員会は「学芸学部基準」の審議を始めることとなった。

　これは文部省の諮問機関である大学設置委員会からの働きかけによるものであった。以後、大学基準協会では文部省立案の「大学における教職課程の基準」と大学設置委員会立案の「教員養成を主とする学芸大学基準」を参考にして「学芸学部基準」を定めていくことになる。しかしながら、その策定プロセスは上述のように終始文部省サイドが主導し、大学基準協会がこれを追認して動くという基調のものであった。実際、大学基準協会に「学芸学部基準分科会」が設置されたのは1949年12月20日のことであり、これは既に教育職員免許法と国立学校設置法が施行され、新制大学における「教育学部」が発足した後である。つまり、大学基準協会の発足後、1952年度までに学芸学部を含む旧師範学校を母体とした教員養成系大学・学部の会員資格を判定する必要に迫られて後追い的に「学芸学部基準」を策定したのである。

　では、この「学芸学部基準」の実際の運用はどうであったか。旧制の師範学校のうち、北海道・東京・愛知・京都・大阪・奈良・福岡の7校は学芸大学となり、また総合大学の一学部となった中で旧制の高等学校を持たない大学に置かれた19学部は学芸学部となった。これらのうち、第一回の審査以前に入会していた学芸大学は4校（愛知学芸、東京学芸、奈良学芸、大阪学芸）、学芸学部を持つ総合大学は1校（長崎）であったが、いずれも学芸大学に関し

ては「賛助会員」とされ、また長崎大学学芸学部は「未登録学部」として置かれることとなった。この後も他の学芸大学や、学芸学部を持つ総合大学の入会は相次いで行われるが、1965 ~ 66 年に名称変更が行われてそれぞれ教育大学・教育学部となる以前に登録された学芸学部はゼロであったのである。

　教員養成系単科で最初に登録されるのは愛知教育大学 (1985 年度)、次いで東京学芸大学 (1988 年度) であり、学芸学部を持つ総合大学で入会後すぐに「正会員」となり得たのは医学部を持つ大学 (長崎の後、1963 年に群馬と徳島) に限られていたのである。つまり、「学芸学部基準」は、実際の学芸大学や学芸学部を適格判定することはなかったのである。

　これに対して、旧制の帝国大学を母体とした大学 (北海道・東北・東京・名古屋・京都・九州) の教育学部や、旧制の文理科大学を母体とした大学 (東京教育・広島) の教育学部は、いずれも 1955 年から 63 年にかけて、登録されている。一方、旧制の師範学校を母体とした学部の中で教育学部となった 20 学部 (旧制高等学校を含む総合大学の一学部) の中でこの時期に登録されているのは、1955 年の神戸大学教育学部 (のち発達科学部→国際人間科学部) のみである。なお、この時点において「教育学部基準」は策定されておらず、全体の「大学基準」に照らしてその人的・物的な水準を相互審査するという形で登録の判定がなされていることに注意すべきであろう。これは、本章冒頭に述べたような「教育学部」の錯綜状況の中で、旧制大学以来の大学に置かれた教育学部 ((1) (2)) と、新制大学において師範学校を母体として教員養成の専門教育を主に提供する教育学部 ((3)) との双方をカバーする単一の基準設定が「学芸学部基準」よりも困難であったことに起因するものと見られる。

　いずれにせよ、あらゆる大学類型において、「教育学部」(学芸学部を含む) の登録が他学部よりも遅れているという点では共通している。正会員 (維持会員) となった大学でも、文理科大学を母体とした大学では文学部と理学部から、旧制の大学 (医大など) を包摂した総合大学ではその学部から、というように、旧制以来の伝統を持つ教育組織が先に登録されているのである。

　このことは、大学基準協会におけるアクレディテーションの基準策定や実

際の運用が旧制大学の大学観を色濃く引きずっており、そこにおいて「教育学」や「教員養成」を機能の核とする学部を判定する基準の設定が容易に行い得なかったことの現れと捉えることができよう。

5. 教育学と「教育学部」のアクレディテーション：その後の展開と課題

5.1　小括

　以上、大学基準協会の動向とそこでのアクレディテーションに主に着目して教育学と「教育学部」を検討してきた。旧制大学以来の教育学部も、旧制の師範学校を母体とした教育学部や学芸学部も、1949 年時点で全て制度的には新制大学の一部となることはできた（チャタリング）。それは主に CIE をはじめとする占領軍の強い政策的な誘導の結果であり、日本の教育学教育・教育学研究・教員養成の側からの内在的な動きの結果ではなかった。それゆえ、さまざまな高等教育機関を母体とした「教育学部」が錯綜し、そこでの教育学については学部内での位置づけが曖昧なまま戦後改革期の新制大学としての設置認可（チャタリング）が行われることになった。

　そうした曖昧さを内包したまま、大学基準協会はアクレディテーション（相互認証による適格判定）としての会員資格判定を行っていくが、教員養成を行う学部（特に旧師範学校系の教育学部・学芸学部）が新制大学の中の組織として適格判定を得るのは他の学部に比べて遅れを取ることとなった。このことは、単に、日本の教員養成機関、特に旧制の師範学校が制度的に大学（学士レベル）よりも格下の教育機関であったという制度的な問題にとどまるものではなく、日本の大学における教育学のディシプリンやそれと教員養成の関係についての内実が突き詰められないままに戦後教育改革期以降の教員養成が多様な「教育学部」において行われるという内容面の問題でもある。

　以下、これらの点に関わってその後も長く尾を引く問題を二点ほど指摘して本章の結びに代えたい。

5.2 教員養成の「質保証」とアクレディテーション

21世紀初頭を画期として、日本の高等教育における競争的環境が強められるとともに、第7章で詳述するように、教員養成においても大胆な規制緩和や市場原理の導入が行われるようになった。それと対応して「教職課程の質保証」が政策課題となってきた。これは教員養成系大学・学部のみならず、開放制原則下で教員養成プログラムを提供する多様な大学の全てを対象としたものとして検討がなされ、2012年8月の中央教育審議会答申[4]においては「教職課程の質保証」という項が独立して設けられ、そこでは教職課程におけるコアカリキュラムの作成や、「医師、歯科医師、薬剤師等の養成において行われている共用試験を参考」にした共用試験の導入の検討が提言され、同時に課程認定行政の運用を強化して「実地視察の評価等が著しく低かったり、一定期間当該課程の卒業生について教員への就職が全くなく、その後の改善が見られない場合には、教職課程の認定を取り消すなど、是正勧告・認定取消のプロセスを明確化する」ことの検討が必要だとされている。要するに課程認定の許認可（チャタリング）に関わる質的保証策が基軸の提言である。

その後2015年12月の答申[5]においては、「教職課程の質の保証・向上」という項目において「教職課程の評価の推進」が挙げられ、課程認定行政における「教職課程実地視察」と並んで、教職大学院における認証評価のような「国私立大学の大学関係者，外部有識者による訪問調査を含めたピアレビューを行い，評価基準に適合していると認められた場合は適格認定を行」うようなシステム、つまりはアクレディテーション的な質保証策が提言されている。これを受けて東京学芸大学では「日本型教員養成教育アクレディテーション・システムの開発研究」のプロジェクト[6]を立ち上げて評価基準の開発とピアレビューによる試行調査を実施し、その事業は教員養成評価機構に引き継がれ

---

4) 中央教育審議会「教職生活の全体を通じた教員の資質能力の総合的な向上方策について（答申）」（2012年8月28日）。
5) 中央教育審議会「これからの学校教育を担う教員の資質能力の向上について（答申）」（2015年12月21日）。
6) http://www.u-gakugei.ac.jp/~jastepro/html/index.html

ている。さらに 2018 年度には文部科学省が「教員の養成・採用・研修の一体的改革推進事業」としてこの教員養成評価機構および大学基準協会、さらには全国私立大学教職課程協会を加えた三者に対し「教職課程の質の保証・向上を図る取組」を委託し、それぞれに開発研究が行われている。

このように、教員養成教育におけるアクレディテーション的な施策も具体化されつつあるものの、総じて見れば、依然として教職課程の許認可に関わる課程認定行政や、次章に詳述するような国立教員養成系大学・学部に対する政策誘導などの「上から」の施策が、より強く日本の教員養成現場を規定していると見られよう。

5.3　教育学と教員養成に関わる未解決の論点

一方、日本学術会議は 2018 年に「大学教育の分野別質保証委員会」を発足させ、各学問分野の教育課程における分野別の参照基準の策定を行っている。2020 年度までに 33 の分野において参照基準が策定・公表されており[7]、教育学分野のそれも 2020 年 8 月にまとめられている。

そこでは「教育学と教員養成」の関係について「教員免許の取得を主たる目的とする教員養成系大学・学部で、かつ教育学を主な専攻とする学科等」「教員免許の取得を主たる目的とする教員養成系大学・学部で、かつ教育学以外の教科に関する専門領域を主な専攻とする学科等」「教員免許の取得を学生の自由意志に委ねている一般大学・学部で、かつ教育学以外を主な専攻とする学科等」「教員免許の取得を学生の自由意志に委ねている一般大学・学部で、かつ教育学を専攻とする学科等」の四種に分けている。第一・第二の類型は主に教員養成系大学・学部に相当し、第三の類型はいわゆる一般大学で教職課程を置くところの大半に相当し、第四の類型は一般大学で教育学関連の教育組織を置いているところに相当する。そして「第一・第四タイプでの教育学教育においては本参照基準がそのまま参照基準として使える」としながら

---

7) https://www.scj.go.jp/ja/member/iinkai/daigakuhosyo/daigakuhosyo.html

も、第二・第三類型に対しては明言を避け、「第二・第三を含めた教員養成教育についても、教育学の十分な学術的知見に基づいて作成され、随時更新されていかなければならない」とするにとどまっている。続けて「学問としての教育学は、教職課程（教員養成）のためだけにあるのではない。したがって、学問としての教育学に関連する教育課程が、教職課程（教員養成）に偏って特化することは危惧すべき点である」としており、これは教育学の参照基準としては大切な指摘である。同様にこの参照基準に付された「参考資料1」において、「教職課程コアカリキュラム」について「多くの大学で開講されている教育学関連科目において、教育学の学問的知見に基づく学修を阻害する」と批判している点もまた、政策から自立した教育学の在り方において重要な指摘である。

　しかしながら逆に教員養成の側から見たときに、「大学における教員養成」は教育学のみを以て成り立っているわけではなく、学士課程全体で教員養成を行っているのである。そうした点を踏まえて、他の学問分野との連携・協働を大学教育の中にどう保証していくか。こうした課題は依然残っているのである。これについては終章で改めて検討したい。

第4章

日本的「教育学部」の
現代史的展開

　この章では、「教育学部」の中でも主に国立の教員養成系大学・学部に関わる 1980 年代以降の動向を検討しながら、この時期の日本の高等教育政策における教員養成を取り巻く状況の中で、「教育学部」を持つ大学が主体的に教員養成に取り組もうとする際の条件がどのように推移したのかを見ていきたい。

1. 問題の所在

1.1　1980年代の二つの出来事

　1980年代以降の日本の「教育学部」[1]を政策動向との関連で見ていこうとする際、その後の展開のカギになったとみられる出来事が二つある。ひとつは1984年6月に大学設置審議会の大学設置計画分科会（以下「設置審分科会」）の報告書「昭和61年度以降の高等教育の計画的整備について」に端を発する抑制方針であり、もうひとつは1986年4月に臨時教育審議会の「教育改革に関する第二次答申」で提言された教員資質向上策を受けて、教育職員養成審議会の答申（1987年12月）[2]を基に1988年に教育職員免許法が改められた（以下、改訂年度を付して「○○年免許法」）ことである。

　前者は、「計画的な人材養成が必要とされる分野のうち、医師、歯科医師、獣医師、教員及び船舶職員の養成についてはおおむね必要とされる整備が達成されているので、その拡充は予定しない」とし、これを受けて国立教員養成大学・学部の今後の整備に関する調査研究会議（以下「調査研究会議」）が1986年7月に出した報告「国立の教員養成大学・学部の今後の整備の方向について」において、教員養成分野における量的抑制の具体策として「教員養成大学・学部の入学定員の一部を他学部に振り替える」「教員養成学部の中に、教員以外の職業分野へも進出することを想定した課程等を設置する」の二つが示され、この第二案に即して翌1987年度から新課程（通称「ゼロ免課程」＝教員免許状取得を卒業要件としない教育組織）の設置が始められた。こうした新課程は、教員養成系学部の中にありながら学校教員の養成に直結しないということで、社会的認知を得ることの困難や、教育組織自体のアイデンティティの問題を抱えざるを得なかったことに加え、後述するように、従前の教員養

---

1)「教育学部」とは、「大学の中で教育学研究・教育学教育・教員養成の少なくとも一つを担うセクション」（TEES研究会2001：17）を意味するが、ここでは主に国立の「教員養成系大学・学部」を中心に述べる。

2) 文部大臣海部俊樹「諮問及び諮問理由」（教育職員養成審議会、1986年5月23日）。

成課程や、そこでの教育学の在り方にも少なからず影響した。

　後者の 1988 年免許法は、翌 1989 年 4 月から施行された。同法においては教員免許状の基礎資格と免許種の関係が上から専修免許状（修士修了）・一種免許状（学部卒業）・二種免許状（短期大学卒業）の三種に整理されて各々必要単位数が規定され、これ以降、教員養成系大学において専修免許状の取得のできる大学院修士課程の整備も加速された。

　ここで注意すべきことが二点ある。ひとつは所要単位に関することである。専修免許状の取得に際して、1988 年免許法では一種免許状の上に「教科又は教職に関する科目」を 24 単位以上取得することが要件とされただけで、その内訳が規定されなかったことである。このことは、免許状授与の「開放制」原則のもとで、教員養成系のみならず国公私立のさまざまな大学が大学院レベルの教員養成教育を提供することを可能にし、専修免許状の発行数を増やすうえでは一定の効果を持っている。しかしながらその反面、教員が専修免許状を持つことのメリットを見えにくくすることにもつながった。

　もうひとつは教員配置に関することである。教員養成系の大学院修士課程（教育学研究科）の設置に際しては、設置基準に基づいて最低百人程度の教員組織が必要とされ、その大半は各教科に関わる専攻に属する者（いわゆる教科専門）であった。しかもこれらの教員には、大学院で修士課程の研究指導を担当するに足る学問的な研究業績が求められ、その一方で教育実践に関わる業績が資格審査において求められることはなかったのである。この設置基準と、それに基づく教員配置とが後の動向に影響することになる。

1.2　「開放制」と計画養成の相克

　こうした 1980 年代の出来事の底流には、日本の教員養成における「開放制」と計画養成の相克という根深い問題がある。

　高橋哲は、日本におけるさまざまな専門職養成を主に量的抑制と「政府」「高等教育機関」「市場」の三者間のパワーバランスに着目して検討する中で教員養成を「未完の計画養成」と喝破した。高橋によれば戦前期から教員の

量的統制は「もっぱら教員需要（市場）との関係によって決定されてきた」（高橋 2009：107）が、戦後は「免許状主義が確立される一方で、所定の課程を修了した者が自動的に資格を付与されるという資格制度と開放制の原則により、新規参入者数の量的統制は戦前と同様に市場の需要に委ねられる」こととなり、加えて「1980 年代以降の教員養成系大学・学部の定数削減」が結果として「一般大学・学部出身者の教員採用者数に占める割合を高め」、さらに「1999 年の地方分権一括法による標準法の改正と学級編制・教員定数の決定過程の変容」が「地方の教員需要に委ねられる構図をより助長する」（同前：123）とされている。つまり計画養成は日本の教員に関しては戦前も戦後も不完全で、実際には採用サイドに規定される中で教員養成が展開され、それが強化されつつあるということである。

　特に戦後の場合、卒業後一定期間の服務義務を伴う師範学校（旧制）が廃止されて教員養成系大学・学部の教員養成課程が設けられたが、そこでは卒業後の服務義務を伴ってはおらず、小学校教員に関する計画養成の不全が顕在化した。また教科ごとの免許状制度を採る中学校・高等学校（新制）の教員養成においては、戦前から「開放制」的な実態があったうえに、その後の高等教育全体の拡大による供給過剰や、学習指導要領の改訂に伴う授業時間数の変更、さらには高橋の指摘するような採用行政の裁量幅の増大など、需要の見込みを推計することを困難にする要因がいっそう増加することとなっている。

　ただ、このように計画養成が実態として破綻していることが明白であるにもかかわらず、後述する「5,000 人削減」に象徴されるような国立の教員養成系大学・学部の定数削減を政策的に推し進める際の論拠として、特に小学校の教員需給の見通しは用いられ続けている。

　「開放制」原則下の教員養成政策において、国立の教員養成系大学・学部とそれ以外との大きな差異は、このような量的抑制の圧力にある。1984 年の設置審分科会報告書以降、2005 年に撤廃されるまでの約 20 年間の、教員養成分野に関する量的抑制策は、国立の教員養成系大学・学部のみを直接に対象

とした施策ではなく、公私立を含む全ての大学に対して教員養成を主たる目的とする学部の新増設を認めない、とするものであった。しかしながら、国立の教員養成課程においては単に新増設を行わないというだけでなく、以後の政策において規模の削減をも導く根拠となったのである。

このように、1980年代以降の「教育学部」、中でも国立の教員養成系大学・学部をめぐる動向の底流には、歴史的経緯に根ざす計画養成の破綻という根深い問題があり、そうした中で量的抑制（削減）へのプレッシャーが、同時代的な教員採用の状況の影響も受けつつ、この種の大学に偏って作用してきたということが看取できる。

2. 国立教員養成系大学・学部の動向： 1980年代以降

2.1 教員養成課程の削減と「消えた一万人」

では、こうした政策は国立の教員養成系大学・学部にどのように影響したのか。まずは教員養成課程の定数の削減から見てみたい。

前述のとおり、1986年7月に調査研究会議が出した報告以降、教員養成課程の学生定員は削減されていく（1985年：20,150人→2005年：9,390人）が、この削減のプロセスは、1997年を境に二つに区分できる。

国立の教員養成課程の学生定員削減に関して、調査研究会議が示したオプションのうち、第一のオプション（削減した学生定員を他学部へ振り替え）を選択した大学は神戸（→発達科学部・国際文化学部[3]）・福島（→行政社会学部）・群馬（→社会情報学部）など比較的少なく、多くの大学は第二のオプション（教員養成系学部内に教員以外の職業分野を想定した課程＝新課程を設置）を選択した。1997年の段階で国立の教員養成系学部の入学定員の総計は18,435人（教員養成課程14,515・新課程3,920）で、1985年と比べて教員養成課程の定員が5,635

---

3) この両学部は2017年度より「国際人間科学部」として再統合されている。

人減少しているが、学部自体の規模の縮小（他学部への振り替え等に伴う減）は1,715人にとどまっている。

その後、1997年3月に橋本龍太郎内閣の下で示された「財政構造改革5原則」に基づき、1998年度〜2000年度の三年間が集中改革期間として設定された。これを受けて小杉隆文部大臣は同年4月のヒアリングで文部省の財政削減策として教員養成課程の入学定員をこの三年間で5,000人削減することを表明した。しかもこの「5,000人削減」は首相官邸サイドからトップダウン的に行われている（土屋2017：519）。この5,000人という数字の根拠は、当時の教育大学室長によれば、削減の終わった年の入学者が卒業する2004年度の教員採用見込みを出し、同年の教員養成課程卒業生の教員就職率を60％とした場合に約9,500人になるからだそうである（同前：520）。

結果として、2000年度の教員養成課程定員は9,770人（1997年に比べて4,745人減）、一方新課程の定員は6,210人（同2,290人増）、学部全体の規模では15,980人（同2,455人減）となった。教員養成系学部の規模に関しては、1997年までの約十年を上回る削減がこの三年間で進行したのである。

教員養成系大学・学部にとって、この1998年からのさらなる削減の要請に対し、新課程のさらなる定員増や、他学部等への定員の振り替えで対応するには限界があった。かくして学部の学生定員の純減が生じた。とは言え、この時点では国立大学の法人化はなされておらず、国立学校設置法の下で各大学の教官定員が定められ、専任教員は「文部教官」（2001年以降は「文部科学教官」）としての国家公務員身分を持っていた（つまりは雇用者都合による整理解雇ができない）。それゆえ学部の学生定員減は大学の教員数の削減には直結していない。

こうした状況下で、「5,000人削減」と相前後して、教員養成系の大学院教育学研究科の規模の拡大が進められたのである。国立の教員養成系大学院修士課程が全大学に設置された1996年度における入学定員の合計は3,155人だったが、2002年の段階では3,997人（27％増）になっている。

東京学芸大学[4]を例に取ると、新課程を設けた1988年度の教育学部入学定員は1,215人(教員養成課程835・新課程380)だったものが、2000年度には1,065人(教員養成課程590・新課程475)と150人の減となる一方で、大学院教育学研究科修士課程の入学定員は207人(1977～96年度)から309人(2002年度以降)へと102人の増となっているのである。

以上見てきたように、この時期に新課程を拡充させる形で教員養成系学部の組織が再編されたこと、および大学院教育学研究科の拡充が進められたことの二点は、その後の動向に少なからず影響している。

2.2　新課程の創設と教員養成系学部の変化

新課程は、国立の教員養成系大学・学部のうち鳴門教育・上越教育・兵庫教育のいわゆる新構想三大学と群馬大学を除く44大学に置かれ、最も多かった2000年度においては1学年あたりの学生定員は全国で6,210名(総定員の39%)に達していた。内容的には、調査研究会議が例示した「教員以外の職業分野へも進出することを想定(情報、日本語教員、カウンセラー、社会教育の指導者、福祉などの関係者)」「高度の教養と柔軟な思考力を身につけた人材を養成(教養、国際関係、地域研究等)」の基本線に沿った課程が設置されているケースがほとんどになっている。

なかには、最初に1987年度から「総合科学課程」(日本文化・法経・理数の三コース、学生定員計40)を設けた山梨大学教育学部のように、1940年代の創設当初より教員を志望しない者のためのコースを確保することに積極的な意向を持っていたとみられるところ(TEES研究会 2001：308)もあるものの、大半は「緊急避難的」で「場当たり的」な対応(土屋 2017：528)を基調としていたとみられる。

それぞれの新課程で展開されてきた教育や研究には興味深いものが少なくないものの、一方でこの新課程の創設と拡充は、従前からの教員養成課程に

---

4) 東京学芸大学をはじめとする教員養成系単科大学においては、学内の他組織に定員を振り替える対応ができないため、新課程を設けるか、規模の純減かを行うことになる。

も相当の影響を与えている。

　前述のとおり、この時点での国立教員養成系大学・学部の組織改編は、教官定員の総数を基本的に動かさないで行われている。それゆえ、新たな教育組織を設けるに際して新たな教員スタッフの確保を行うことはできず、それまで教員養成課程を担当していた教員の一部を配置換えする形で新課程を組織したのである。それゆえ、たとえば教育学関連の教員のうち、社会教育・比較国際教育・日本語教育などのように、日本の教員免許状取得に直接の関わりの薄い分野の者を中心に新課程の教育組織を編成し、その分だけ教員養成課程における教育学関連の教員が学校教育（なかでも日本のいわゆる「一条校」）に偏するといった、国立教員養成系大学・学部における学部カリキュラムの変質が生じることになった。

　同時に、教員養成課程の組織的なダメージも大きかった。その典型例は俗に「統合型」と呼ばれる、複数学校種にわたる教員免許状取得を一つの課程で併せ行う教育組織の増加に見られる。これは、教員養成課程の規模を縮小したことに伴って、「小学校」「中学校」のように学校種別の教員養成課程を複数並立させることが困難になり、「学校教育教員養成課程」のような形で統合再編したものである。実際、1997年度には国立教員養成系大学・学部の教員養成課程の数は176であったが、2003年度においては77に減少し、48大学のうち32大学では一つの教員養成課程を置くだけになった。他方で小学校教員の養成と中学校教員の養成を別個の課程で行う大学は6に減った（岩田2004a：63-64）。この「統合型」の設置が進められて以降の教員養成課程の主な変化は、(1) 小学校・中学校の教員養成への特化、なかでも小学校教員養成の重視、(2) 幼稚園教員養成の比重の低下、(3) 高等学校教員の養成に関わる課程の廃止、の三点にまとめられる（岩田2006a：53）。具体的に (1) は、多くの「統合型」教員養成課程において小学校教員の免許状の取得のみの必修化、(2) は幼稚園教員養成に目的づけた教育組織の廃止、(3) は新課程への転換や「統合型」教員養成課程の中の中学校教員免許状取得を主とするコースへの包摂・統合、という動向として現れている。そして (1) の裏返しとして、小学

校にあって中学校にない教科（典型例は技術）を主とするコースの廃止という
現象も発生した（同前：55）。

このように「統合型」教員養成課程が多く設けられた後もなお、基本的に
は教科ごとの教育組織が堅持されている（岩田 2004：65-66）。これは、国立学
校設置法下での教官定員の配置が学科目ごとに行われていたこと、および大
学院教育学研究科の必要教員数が各教科の専修を基本に定められていたこと
に加え、1998 年免許法において小学校教諭一種免許状取得に要する「教科に
関する科目」が「一以上の教科」について 8 単位以上と改められたことを背
景とするものとみられる。小学校・中学校の双方の教員免許状取得を「統合
型」教員養成課程で行わせる際に、各々の教科を軸とするコースに学生を分
属させる組織を採ることで、免許基準上も教員組織上も比較的無理が少ない
形で組織改編を行い得たのである。

ただし、「統合型」教員養成課程の規模（一学年の学生定員）は、2003 年度
時点で平均 146.8 人となっており、100 人以下となっているところも半数近く
におよぶ（岩田 2004a：65）。この、一教科あたり平均十数名の小規模な教育
組織の効率の悪さが、後々の再編論議につながっていくことにもなる。

2.3　大学院教育学研究科の展開と困難

一方、教員養成系の大学院修士課程は 1996 年度までに全ての国立教員養
成系大学に設けられた。とは言え、その後の政策動向の中でしばしば批判の
対象となり、2013 年 10 月に教員の資質能力向上に係る当面の改善方策の実
施に向けた協力者会議（以下「協力者会議」）の報告書「大学院段階の教員養成
の改革と充実等について」において「原則として教職大学院に段階的に移行
する」とされ、改組・転換されるに至った。そうした動向の前史として、国
立教員養成系の大学院修士課程展開に伴う課題を検討する際、以下三点が大
きな意味を持っていたといえる。

第一は、1988 年免許法で創設された「専修免許状」に関わる問題である。
この免許状は各学校種について修士修了を基礎資格とする最上級の免許状と

して新設されてはいるが、その免許を持つ者のみの排他的な職域（たとえば管理職の要件とするなど）は設けられておらず、それゆえ取得することによる待遇面でのメリットは小さい。また下級免許状（二種や一種）での一定の勤務経験を要件とされてもいない。加えて、前述のように、取得に要する単位が「教科又は教職に関する科目」計24単位と定められている以上の内容的な基準はない。これらの制度的な問題は、教員の採用や人事に携わる行政サイドにとって専修免許状保持者を積極的に採用するインセンティブの欠如を招く。専修免許状を持つ者が持たない者に比して何がどれだけ優れているのかが判然とせず、専修免許状保持者以外を充てられない職域のない状況下で、積極的に取得を奨励するインセンティブは乏しいのである。

第二は設置基準の問題である。2001年時点における教員養成系の大学院修士課程の設置基準[5]では、学校教育・幼児教育・障害児教育・教科教育（10教科）の4専攻13専修を置く場合、各専修に研究指導教員（「㊎」）3〜6人以上に加えてそれぞれ三分の二以上の研究指導補助教員（「合」）を置くこととされており、総計でおおむね95人（教育学関連の三専攻で計18人、教科教育専攻の10専修で計77人）以上の教員組織を必要とすることになる。このことは、教員養成系学部にとって、教員養成課程の組織や規模の如何に関わらず、大学院教育学研究科修士課程を置く以上は最低95人程度の教員を各専攻・専修にわたって配置し、しかもその大半は各教科の専修で研究指導を行うに足る（「㊎」「合」の要件を満たす）業績を持つ者を充てる必要があることを意味する。前述の「5,000人削減」以後に小規模化した教員養成課程がそれ以降もなお教科ごとの教育組織を維持した背景はここにある。

そして第三には、前述の「5,000人削減」の後2000年以降に行われた急激な学生定員増である。言うまでもなく、これは教員養成系の大学院修士課程へのニーズが増加したことに起因するものではなく、教官定員を動かさずに学部の規模を縮小させたことで生じた余剰を大学院担当に振り向けたという

---

5)「参考資料22 教育学研究科に必要な専任教員数」（国立の教員養成系大学・学部の在り方に関する懇談会「今後の国立の教員養成系大学学部の在り方について（報告）」（2001年11月22日）。

側面が強い。

　実際、教員養成系大学院の整備の過程（1983 年～ 2000 年）における大学院教育学研究科の志願倍率[6]は 1.1 ～ 1.7 倍で推移している。この後に、ニーズが増加する特段の要因が生じていないにもかかわらず規模の拡大が行われれば、各大学院が学生定員の確保に難儀するのは必定である。

　これら三つの問題は、基本的には 1980 年代以降の、主に国立の教員養成系大学・学部に関わる制度や政策に基づくものであり、そこで各大学・学部が採ってきた対応において、それぞれの主体性の介在する余地は乏しい。しかしながら、その後の政策動向の中で、教員養成系の大学院の側の改革課題として繰り返し議論の俎上にのぼることとなる。協力者会議の報告書（2013 年）においても、専修免許状に対しては「理論と実践の往還の視点が不足している」とされ、大学院教育学研究科においては「多くの大学院で定員未充足の教科等の専攻がある」と指摘されるとともにその大学院教育に対しては「修士論文の内容が明らかに理学や文学など他の研究科と変わらないような場合でも「修士（教育学）」を授与している例がいまだに少なからず見られる」等の厳しい批判が見られるのである。

2.4　理念なき政策下の縮小再編

　以上見てきたように、1980 年代から「5,000 人削減」頃までの国立の教員養成系学部・大学院の動向は、同時代的な制度や政策の動きに多分に影響されている。それらの制度的な不備や政策の歪みによって生じた問題は、各大学の側での改革課題としてその後に突きつけられることになる。そしてそのプロセスの中で、それぞれの学部・大学院において、今後の教育を担いうるコンピテンシーある教員の養成に関わる理念や、それを担保するカリキュラムのあり方といった、教員養成に関わる本質的な事柄は後景に退くことになった。

6）「参考資料 19 教員養成系大学院の応募・入学状況の推移」、同前。

この点に関わって、大学受験生の動向に根ざして「少子化による生徒の減少。それを見越して対生徒との辻褄合わせ的な先生数の計算。そのことの当然の帰結としての新規採用数の極端な減少」が「教員養成系大学・学部を瀕死の状態に陥れた」（丹羽2002：71）とする丹羽健夫の批判は正鵠を得ている。ここで丹羽は国立大学の入試ボーダーラインのボトムが教員養成系であることの主因を教員就職状況に求め、「5,000人削減」が教員就職状況に数字上の効果を与えるとしながらも、そうした「数合わせ」ではなく、「成り行き的に発生した教養もどきの新課程」について「いま一度コンセプトを再確認し、それにふさわしい教員を外部からも選んで発足してもらいたい」との願いをも込めて独自の「再編私案」を示したが、教員養成系大学・学部の側には「コンセプトを再確認」する主体性を発揮する余地も、「それにふさわしい教員を外部から選」ぶ人件費を捻出する余裕も既に失われていたのである。

3. 国立教員養成系大学・学部の動向： 21世紀初頭

3.1 「在り方懇」の方向づけ

　以上に見てきたように、「5,000人削減」までの一連の政策の中で、国立の教員養成系大学・学部にはさまざまに構造的な問題が生じていた。教員養成課程が小規模になった後も大学院設置基準ゆえに一定規模の教員組織が維持されているアンバランスが際立ち、一方で教員養成課程に比して附属学校の規模の大きさが相対的に目立つようになっていた。また教科ごとの教員組織ゆえに学部・大学院の教育・研究指導が専門の学問に偏していることが、教員の資質形成のうえで実践性を欠くとの批判も強まっていた。こうした問題点を洗い出してその後の改革の方向性を検討したのが、「国立の教員養成系大学・学部の在り方に関する懇談会」（以下「在り方懇」）である。在り方懇の第一回会合は2000年8月28日に開かれ、翌2001年11月22日に「今後の国立の教員養成系大学学部の在り方について（報告）」を出すまでに計18回の会合

を重ねている。

　在り方懇の報告は改革の具体的な方向性を多岐にわたって示しているが、組織体制に関する主なものとしては県域を越えた教員養成系学部の統合再編、新課程の分離、附属学校の同一学校種複数学校等の規模の見直しなどが挙げられよう。報告の直後にこれらが実施された例は比較的少なかったものの、その後2016年に発足した「国立教員養成大学・学部、大学院、附属学校の改革に関する有識者会議」にそれらの方向性は引き継がれている。

　また、在り方懇の報告で特に注目すべきものとして、教員養成系学部の教育内容やカリキュラムに関することが挙げられよう。ここで指摘された教員養成における「モデル的なカリキュラム」の整備の必要性は、その後の「教職課程コアカリキュラム」の伏線ともなっている。さらにこの報告は「教員養成学部としての独自の専門性の発揮」として、特に小学校教員養成における「ピーク制」の見直しや、教科教育と教科専門との関連づけ、さらには教科専門科目の内容の再構築等を提言している。このうち特に最後の点に関わって、理科を例に「物理学、化学、生物学、地学をそれぞれ区々に教授するのではなく、大学の教員が協力して「小学校理科」という大学レベルの科目を構築していくことが求められる」としている点は、教員養成系学部における教科専門がそれぞれ関連のある分野のアカデミックな研究に偏している状況が改革のターゲットとされていることを如実に示している。そしてこの後いわゆる「教科内容学」の研究や、教科教育と教科専門を融合させた科目（2017年免許法の施行規則での科目区分の「大括り化」）の開発という方向に進むことになるが、この提言は学習指導要領によって定められる「教科」の枠組みに学問体系を従属させることを求めたものとも受け取れる。これは教員養成系の学部・大学院における各教科専門の研究者にとって、アイデンティティの根幹に関わる重要なものであった。

3.2　国立大学法人化の影響

　在り方懇の報告が出された2001年当時は、遠山敦子文部科学大臣が「大学

の構造改革の方針」を発表し、教員養成系を含む国立大学の法人化は既に既定路線となっていた。その後、2003年7月に成立した国立大学法人法の下、2004年4月から国立大学はそれぞれ「国立大学法人○○大学」へと転換した。

「教員養成大学」としての国立大学法人や、「教員養成系学部」を持つ国立大学法人に関わるその後の動きに関わる重要なものとして、予算や人事に関わる変化が挙げられる。従前の国立学校設置法の下での教官定数の規定がなくなり、教員の配置は国立大学法人各々が定めることとなった。予算に関して6年ごとの中期目標・中期計画に基づき政府から配分される運営費交付金はいわば「渡し切り」で、これと時限付きの各種競争的資金、さらには授業料収入等の自己資金を合わせた予算の使途もやはり国立大学法人各々が定めることとなった。

ただし、運営費交付金については第一期・第二期の中期目標期間（2004年～2016年）に毎年1%の「効率化係数」が設けられ、国立大学法人各々の経営合理化によって支出を削減することが要請された。また特に人件費については2005年に成立した通称「行革推進法」により、翌2006年度からの5年間に5%以上の削減を目標とすることが定められた。これは、百人規模の教員を抱える学部・研究科にとって毎年1人以上の減員を意味する。そして各国立大学法人は、基本的に退職者の不補充と新規採用の抑制、さらには教員人事についての学長裁量枠の設定という形でこれに対応した（水田2007：252-253）。

特に教員養成系大学・学部の場合、人件費比率が高い傾向にあり、他に比べて強く削減されることが要請された。この人件費比率の高さは、もともと設置基準によって各教科にわたる一定数の教員を配置する必要があった上に、やはり設置基準上必置とされている附属学校の人件費も要し（しかも附属学校は附属病院のように自前の収入を得る構造になっていない）、さらには自然科学系のように設備に多額の費用を要することも少ない、といった独自の事情に根ざす。加えて学部の学生定員の削減によって、教育組織の規模に比して人件費の高さはさらに際立っていた。

内閣府のデータ[7)]によると、国立大学の9類型の中で2005年度と比べて2010年度までに最も教員数の削減が進んだのは教育大学（▲7.46%）である。ただその内訳を見ると、35歳以上50歳未満の教員が15.78%、35歳未満の教員が37.74%、それぞれ減少したのに対し、50歳以上の教員は3.14%増加している。このデータは、教員養成系大学が退職者の後任補充を控えて若手教員の新採用を抑制し、それで生じたわずかな空きポストを学長裁量枠に移し、学校現場での経験を豊富に持ついわゆる実務家教員の採用に充てたことを示している。この過程でいわゆる教科専門の研究者が削減の主なターゲットになったであろうことは想像に難くない。

この内閣府のデータは教育大学、すなわち教育系単科11大学の状況であり、総合大学の中の教員養成系学部に関しては事情が異なる。ただし上述のような事情ゆえ人件費比率の高さが際立つ教員養成系学部が、他部局との関係で人件費削減をより強く要請されたことは確かであろう。

3.3　競争的環境下の「教育学部」

このような「在り方懇」報告書（2001年）から国立大学法人化（2004年）という流れの中で、国立の教員養成系大学・学部は相当に疲弊し、ダメージを受けていた。その時期に、「開放制」原則下で国公私立の別を問わず「教育学部」全体を対象とする教員養成政策が推し進められていく。

「聖域なき構造改革」「市場原理の導入」を掲げる小泉純一郎内閣の下、1984年の設置審分科会の報告書以降永らく新増設が抑制されていた五分野のうち、まず教員養成分野についての[8)]抑制策が2005年度から撤廃され、以後に小学校の教員養成に新規参入する私立大学が急増した。この抑制策撤廃に伴って、特に小学校教員養成において生じた構造変容については第7章に改

---

7) 内閣府「国立大学法人等の科学技術関係活動（平成22事業年度）に関する調査結果」。他の8類型は「研究大学型大学」「大規模大学」「中規模病院有大学」「理工系大学」「医科大学」「中規模病院無大学」「文科系中心大学」「大学院大学」。
8) 教員養成系学部等の入学定員の在り方に関する調査研究協力者会議「教員分野に係る大学等の設置又は収容定員増に関する抑制方針の取扱いについて（報告）」（2005年3月25日）。

めて述べるが、この構造変容の中で公私立一般大学の「教育学部」からより多くの教員が輩出されるようになることは、規模の削減が続く国立の教員養成系大学・学部の存在意義をさらに弱める要因となり得る。

　また同じく2005年度より、教職課程認定を得ている国公私立全大学を対象に、優れた教員養成プログラムに予算を重点配分する「教員養成GP（Good Practice）」と呼ばれる施策も開始された。国立の教員養成系大学・学部にとっては、法人化後の「効率化係数」等で削減された予算を補ううえでも、また優れた教員養成機関であることの対外的なアピールのうえでも、この「教員養成GP」は重要な意味を持つものであったが、実際には教員養成系単科大学などの伝統校のうち相当数が選に漏れる結果となった。これは各大学の「プログラム」の計画立案・実施内容・運営体制などが横並びの競争的な環境の中で審査される（岩田 2006b：83）ことに起因する。この「教員養成GP」的施策については、第5章に述べるように、2009年度以降、新規の公募はなくなった。しかしながら、その準備・実施・事後のフォロー等の対応に各「教育学部」は相当の精力を割くことになったのである。

3.4　教職大学院の成立と展開

　在り方懇の報告時点（2001年）においては教員養成の専門職大学院の制度化については先の検討課題とされていた。しかしながらその後2004年10月に中山成彬文部科学大臣から中教審に対し「教員養成における専門職大学院の在り方について」諮問されたことを発端として、教員養成の専門職大学院＝教職大学院の制度化が進められることになる（岩田 2007）。

　この動向の中では、とりわけこの教員養成に関わる専門職大学院の教員配置の基準が既存の大学院教育学研究科の学校教育専攻のそれを基に作られた[9]こと、および他の専門職大学院を上回る「4割以上」の実務家教員を要件としたことは、その後に国立の教員養成系大学院を教職大学院に一本化する際

---

9) 「教職大学院の必要専任教員数について」中央教育審議会「今後の教員養成・免許制度の在り方について（答申）」基礎資料7（1）（2006年7月11日）。

の教員配置 (特にいわゆる教科専門の教員の再配置) に影響している。先に述べ
たように、国立の教員養成系大学・学部の教員の配置については、国立学校
設置法や大学院設置基準の下で、各教科の専門を持つ研究者の比率が高く、
法人化後もその比率が大きく異なることはなかったが、教職大学院において
「4割以上」の実務家教員を含めた組織を作るうえではこうした各教科の専門
研究者の数も比率も下げざるを得なかったのである。

3.5　日本の21世紀的「教育学部」：その変容

　以上見てきたように、2000年以降の「教育学部」、特に国立の教員養成系
大学・学部は、それ以前の政策の下で相当に組織的な弱体化を余儀なくされ
ていたうえに、さらに「開放制」原則下での規制緩和や競争的環境の強化が
進められる中での生き残り策を探らねばならぬという苦境に立たされること
となった。国庫からの運営費交付金を主な原資として教員養成を行う「官業」
である以上は、「民業」であるところの私立大学以上の優れた教員養成教育を
提供することを明示するアカウンタビリティを帯びる。それゆえ本来は任意
であるはずの「教員養成GP」への応募や教職大学院の創設を行わないとい
うオプションは、現実的にこれらの大学が採りうるものではなかった。その
結果として生じた「教育学部」の変容を一言で表せば、「大学における教員養
成」原則下の「大学」的なものの核とも言えるアカデミック・ディシプリン
の衰退である。

　それは在り方懇によって、それぞれの学問分野のディシプリンを否定され、
同時代的な学習指導要領に定める「教科」の枠組みに従属することを求めら
れるようになったいわゆる教科専門にとどまらない。大学院教育学研究科の
設置基準の下で元々少数派であった教職専門 (教育学関連分野) においても、
教職大学院の発足に際して相当数のいわゆる実務家教員を確保する必要か
ら、旧来のアカデミック・ディシプリンを持つ研究者教員の比重は下がらざ
るを得ず、また教育学の中でも教育方法や教育経営など、教職大学院で扱う
ところの現在の日本の一条校の教育課題に直結する分野への偏り (裏返しとし

ての、教育の基礎研究の低下）を招いた（岩田 2007：41）。

　そしてその一方で、高橋哲が指摘した「地方の教員需要」を直接担う都道府県・政令指定都市レベルの教育委員会が教員養成に実質的に関与する度合いが一層高まった。それは 2004 年度からの東京教師養成塾を嚆矢とする、教育委員会による（多くは採用行政とリンクした）教員養成プログラムの直接の提供にとどまらない。「教職大学院」の入学者である現職教員の派遣も、「実務家教員」のリクルートも、教育内容面で実践現場との連携を取り持つのも、「教職大学院」修了者の処遇を定めるのも、その多くは都道府県・政令指定都市の教育委員会に依るのである（岩田 2007：40）。文部（科学）省の施策と、それを踏まえた各教育委員会と、実際に教員養成を担う大学、といった各アクター間の布置関係については国際比較も含めて第 6 章で再論するが、もともと都道府県・政令指定都市レベルの教育委員会に実際に多くを負ってきた布置関係が、1980 年代以降の三十年ほどの施策によってさらに強化されたとみることができる。

4. 教員養成の質保証をめぐる日本的課題

4.1　政策誘導的質保証策の限界

　2005 年からの教員養成分野における抑制策撤廃の前後から、同時並行的に文部科学省・課程認定委員会による課程認定行政の運用強化が進められてきた（木内 2013）。これは「教職に関する科目」等に含むべき事項、科目内容と担当教員の業績との対応関係、さらには課程認定を受ける教育組織の趣旨と免許種との対応関係といったことがらの審査の厳格化を旨としている。さらに 2017 年免許法に基づく再課程認定においては、「教職課程コアカリキュラム」が定められ、教職に関する科目のそれぞれに含むべき事項について「全体目標」「一般目標」「到達目標」が提示されるに至っている。これらは、規制緩和と市場原理の導入に伴い、政策的な管理の比重が「事前規制」から「事後チェック」に移ってきていることの表れとも捉えうるが、現状では教員養

成の質的な向上という点でさほどの効果を上げているとは言いがたい。

　それはなぜか。端的に言えば政策誘導や行政手続きの強化に委ねる形での質保証策には限界があるからである。こうした形での質保証は、その性格上、数値等の外形的な指標やカリキュラムコンテンツに含むべき事項といった要素に偏らざるを得ず、教員になる者の学びにおける体系性や、その学びの方法論といった実質には踏み込みにくい。課程認定の実地視察において、教育関連の蔵書の少なさを指摘して改善を求めることはできても、そこで整備された文献を用いて個々の学生が何をどう学んだかを行政的にチェックすることはできないのである。そのような本質的な部分を担保しうるのは教員養成を担う大学人の学問的な見識によってであり、そこにそれぞれの専門分野のディシプリンを持つ研究者の関与する度合いは小さくない。

　にもかかわらず、1980年代以降の日本の「教育学部」に加えられた政策圧力は、一貫してこうした大学人の見識を殺ぐベクトルを持ってきたのである。

4.2　教員養成の「場」と「主体性」

　このように見てきたとき、「大学における教員養成」原則の原点に立ち戻って吟味することが改めて重要性を持ってくる。戦後改革期以降の「教育学部」の形成・展開過程を豊富な事例に即して検証したTEES研究会は、それらを総括する中で従前の「大学における教員養成」原則の捉え方は単なる「場」の問題としての把握にとどまっており、「大学による養成」すなわち「主体性」の観点が欠けていることを指摘している（TEES研究会2001：414）が、この指摘はその後の政策動向に対しての各大学「教育学部」にも通じる。

　教員養成における政策誘導的質保証策の限界は、遠からず教育界の内外に露呈することになろう。その限界が露呈した後に、各「教育学部」がさらなる批判のターゲットにさらされて衰退・廃止に向かうことなく、大学の主体性に基づいて教員養成教育を再構築し、併せて布置関係も再構築していく方向を導く戦略を協働して検討し、実施に移していくことが、「大学における教員養成」を担う大学人にとって近未来的な最重要課題であろう。

2017 年に示された「教職課程コアカリキュラム」を遡ると、2001 年に在り方懇が「モデル的な教員養成カリキュラムの作成」を提案したことに至る。ここでは日本教育大学協会、つまりは教員養成に関わる大学の連合体がその作成を行うべきとされ、同協会はプロジェクトを組織してこれに当たった。そこで示されたのは、学校等の現場における「学生の教育体験」とそれらを「大学での研究・理論知と結びつける」こととの往還を基軸とした学部段階の教員養成カリキュラムづくりの提案（日本教育大学協会「モデル・コア・カリキュラム」研究プロジェクト 2004：279）であり、教員養成に携わる大学人が協働して主体的にカリキュラムを構築していく参照となりうるものが企図されていた。それが「教職課程コアカリキュラム」として各科目の事項を列挙する形で課程認定行政と結びついて権力的に示されるに至る十余年の、いわば換骨奪胎の歴史を丹念に検証することから、上述の再構築の戦略が見えてくるのではなかろうか。

第 5 章
「質保証」と「開放制」
―その日本的相克―

　この章では、教員養成における免許状授与
の「開放制」について、特に 21 世紀初頭の、
多分に新自由主義的な性格を帯びた高等教
育改革の流れの中で検討したい。以下に見る
ように「開放制」は、多義性や曖昧さを内包
したまま政策サイド・実践サイドそれぞれの
文脈で引き取られ、統一した像のないままに
教員養成が展開されてきた。そこに「市場原
理」「アカウンタビリティ」「質保証」等の要
請がトップダウンでなされる中で揺らぎが生
じ、その後の混沌と布置関係の変容を導くこ
とになるのである。

1. 問題の所在

　21世紀初頭に広汎に導入された新自由主義を基調とする「構造改革」が教育政策にも波及する中で、日本の教員養成に関して従来用いられてきた「開放制」対「閉鎖制」、あるいは「機能概念」対「領域概念」といった二項対立図式に揺らぎが生じることとなった。

　たとえば、多様な大学がそれぞれの理念に基づいて教員養成を提供する「開放制」のありようは、以下に詳述するように日本におけるリベラルな教員養成制度の特質として理解されることが多かったが、それが新自由主義（ネオリベラル）的な規制緩和策として包摂されていくプロセスに関して、これを歓迎すべきか警戒すべきか、「開放制」原則下で教員養成を担ってきた側の混沌が生じてきている。

　あるいは、規制緩和策と対をなす「アカウンタビリティ」（結果責任）への要請は、教員養成における「質保証」（出口管理）の動きにつながっているが、そこでは教員養成が大学における「機能」であるか「領域」をなすかという形態の如何に関わらず、ネーション・ワイドな質的管理策の比重が高められることになる。後述するように日本の場合、そのネーション・ワイドな質的管理策としては旧制度の無試験検定許可学校制度を引き継いだ課程認定制度に依拠することになるが、それは「開放制」原則下の教員養成教育の多様性を捉える柔軟性を欠き、それゆえ日本の教員養成の質的向上策に結びつきにくいのである。

　こうした認識に立ち、本章ではまず戦後日本の教員養成の原則とされている「開放制」を分析概念として再検証・再定義するとともに、その「開放制」原則下での日本の教員養成改革の主な課題に関して、特に21世紀初頭以降の「質保証」策に着目し構造的な分析を加え、その日本的特質の析出を試みる。

2.「開放制」概念の再検証

2.1 「開放制」概念の混沌

　日本の教員養成制度の原則とされる「開放制」に関してさまざまな含意が混在しているために、教員養成に関する研究史に混乱が生じてきていることは既に多くの先行研究が指摘するところである。竺沙知章は、TEES 研究会の共同研究を総括する中で、「開放制」の含意の主なものは、「教員養成機関の開放的性質」「制度論としての開放制」「目的養成を含む開放制」という三つのタイプであり、これらが混在した状況下で「教員養成制度やその内容を掘り下げて考えようとするならば、「開放制」という用語は用いるべきではない」と、分析概念としての限界を指摘している (TEES 研究会 2001：405-410)。

　こうした、「開放制」にまつわる概念的な混沌は、21 世紀の教員養成政策に関する議論にも依然として投影されている。たとえば中央教育審議会が2006 年 7 月 11 日に出した答申「今後の教員養成・免許制度の在り方について」は、学部段階の教員養成教育の充実・「教職大学院」の創設・教員免許更新制の導入、の三つの施策を基軸として打ち出しているが、そこでは「開放制」原則を「国・公・私立のいずれの大学でも、教員免許状取得に必要な所定の単位に係る科目を開設し、学生に履修させることにより、制度上等しく教員養成に携わることができる」と捉えたうえで、この原則は「質の高い教員の養成や、戦後の我が国の学校教育の普及・充実、社会の発展等に大きな貢献をしてきた」としている。[1] ここでの「開放制」は、多様な大学に教員養成教育の提供を可能とし、なおかつそこに優劣を設けないという制度論上の概念として用いられている。その論理を進めるならば、たとえば株式会社栄光を経営母体とする日本教育大学院大学[2]が構造改革特区制度の下で 2006 年に開

1）中央教育審議会「今後の教員養成・免許制度の在り方について（答申）」(2006 年 7 月 11 日)。
2）同大学が 2014 年度より学校法人国際学園に移管された（その後 2017 年度より星槎大学と統合されて同大学大学院教育実践研究科となった）ことで、株式会社立の大学で教育職員免許法上の課程認定を得ているところはなくなった。

学し、専修免許状に係る課程認定を受けて教員養成事業に参入したような、規制緩和の一環として教員養成の主体の多様化がなされることは「開放制」の進展として捉えられる。

その一方で、同じ中教審答申で新設が提言された施策に対して、「開放制」原則の後退が指摘されてもいる。たとえば全国私立大学教職課程研究連絡協議会（全私教協。のちの一般社団法人全国私立大学教職課程協会）が行った「特別決議」（2006年5月20日）において、「教職実践演習（仮称）」の導入について「カリキュラム及び教員の配置上その実施がきわめて困難」であり、その結果として「教職課程を廃止せざるを得ない大学が増加し」「戦後継承されてきた開放制教員制度の存続までも危うくすることになりかねない[3]」）と批判しており、近年の改革動向は「開放制」に逆行するものと捉えられている。

このベクトルの差は、政策サイドが「開放制」というタームを教員養成・免許状授与の開放的なシステムを意味するものとして制度面から用いているのに対し、実際に教員養成教育を提供する大学サイド（特に私立のいわゆる一般大学）は「（旧師範学校–教員養成系大学以外に）多様な主体の参入がある」という実態面や、「国家的な規制が緩い」という運用面、さらにはその効果として「（いわゆる「師範タイプ」以外の）幅広い人材を教育界に確保する手だて」があるという見通し等、主に実態面から論じていることに起因するものである。

それゆえ竺沙の指摘を待つまでもなく、「開放制」というタームは日本の教員養成のある種の特質を言い表してはいるものの、教員養成に関わる諸課題を分析するための概念としては不充分で、さらなる吟味と再定義を要する。

2.2　教員養成政策の新たな展開と「開放制」の揺らぎ

前述のような「開放制」をめぐる捉え方のギャップは、特に1988年以降の教育職員免許法の改訂に伴って、免許状取得に要する「教職に関する科目」

---

3) 全国私立大学教職課程研究連絡協議会「第26回定期総会議案書」2006年、p.25。

の単位数が増加するにつれて、特に文部（科学）省等の政策サイドと、教職課程（主に中学校・高等学校）を有する私立大学との間で顕在化する。政策としては、特定の大学種を対象として教育職員免許法を改訂してはいない（全ての大学等に等しく適用される）以上、「開放制」原則には変化はない。しかしながら、私立大学が主に中学校・高等学校の教員免許状取得に関わる課程を置く場合、「教科に関する科目」は各学部の専門科目を充て、「教職に関する科目」をオプショナルな科目として配置するケースが多く、後者の科目増はこうした大学にとって教職課程維持のコスト増と、学生のカリキュラムの過密に直結する（この点、国立の教員養成系大学・学部の場合、コストは基本的に税金によって賄われ、「教科に関する科目」「教職に関する科目」双方を卒業要件に含むべく学部カリキュラムが組まれるので、事情は異なる）。

　このような「開放制」にまつわる伝統的な議論の構図に加えて、21世紀に入ってからの日本の教員養成に関わる新たな動向は、こうした議論の混沌と、大学における教員養成に関わる検討の困難とをさらに増す作用をもたらしている。

　それは、競争原理・市場主義と結果責任（サービスの提供側）・自己責任（受益者側）を基調とする近年の日本における新自由主義的な改革動向が高等教育にも及んだことに起因する。

　いわゆる「GP」（= Good Practice）と呼ばれる施策がその典型例であろう。文部科学省によればそれは「大学等が実施する教育改革の取組の中から、優れた取組を選び、支援するとともに、その取組について広く社会に情報提供を行うことにより、他の大学等が選ばれた取組を参考にしながら、教育改革に取り組むことを促進し、大学教育改革をすすめ[4]」ていくためのもので、「国公私を通じた競争的環境」「第三者による公正な審査」「積極的な社会への情報提供」の三つがキーワードとして挙げられている。

　教員養成を行う大学を対象としたものとしては、2005年度に開始され、年

4）文部科学省ウェブサイト「GPとは？」。https://www.mext.go.jp/a_menu/koutou/kaikaku/gp/001.htm

度ごとにテーマを設定して 2008 年度まで公募されたいわゆる「教員養成 GP」がある(【表 5-1】)。2005 年度には「大学・大学院における教員養成推進プログラム」(義務教育段階の教員養成対象)、翌 2006 年度は「資質の高い教員養成推進プログラム」(幼稚園と高等学校教員の養成等が対象)として行われている。教員養成を行う大学がこの「教員養成 GP」を機に既存のプログラムの見直しを行い、その中の優れた取組が採択されることによって改善への弾みがつく、という好循環を企図したものと受け取れる。

　この施策は、国立・公立・私立の別を問わず課程認定を受けているあらゆる教員養成機関を対象としており、各大学から応募のあったプログラムは横並びに審査が行われた。その意味において「開放制」的制度基盤を前提にした教員養成の活性化のための施策として捉えられる。しかしながらこの施策は、傾斜的・競争的な予算配分を媒介として「大学における教員養成」の内容や教育体制をそれぞれの重点テーマに向けて国家的に方向づけていく統制強化という性格をも併せ持っており(岩田 2006b)、第 3 章(70 頁)に述べたような戦時下の学術統制の構造に通じるものでもある。

　また第三のキーワード「積極的な社会への情報提供」に関しては、これら一連の施策は、いずれも各応募大学の単発のプログラムに時限的(2 年間)の重点的予算配分を行ったものであり、それゆえその時限的な予算措置が終了

表 5-1 「教員養成 GP」一覧

年度	名称	重点テーマ	申請件数		採択件数	
2005	大学・大学院における教員養成推進プログラム	義務教育段階の教員養成	101		34	
2006	資質の高い教員養成推進プログラム	義務教育諸学校以外の学校種(幼稚園)の教員養成	29	92	7	24
		義務教育諸学校以外の学校種(高等学校)の教員養成	27		7	
		大学院段階における高度専門職業人としての教員養成	36		10	
2007	専門職大学院等教育推進プログラム(大学等における教員養成教育の充実)	幼保一元化に対応できる幼稚園教員養成の充実	60		1	18
		特別支援学校の教員養成の充実			5	
		小学校教員における理科教育能力の向上			3	
		幼小中高の教育現場との連携による実践的な教育の充実			9	
2008	専門職大学院等における高度専門職業人養成教育推進プログラム(教職大学院)	(特になし)	10		5	

出典:文部科学省ウェブサイトより作成。

した後も継続的な取り組みが行われたり、またある大学の「GP」の取り組みの成果が汎用性を持って多くの大学に広まったり、といった例は管見のかぎり少ない。

　この種の施策は、確かに「開放制」を前提とし、そこに競争原理を導入することで日本の教員養成教育全体の活性化を企図したものであったと捉えられる。しかしながら、この「教員養成GP」は2年間を限度とした優遇的予算措置を旨とするものであり、中長期的な見通しに立つ制度的整備を企図したものではない。また、採択が各大学における特定のプログラムを単位とするものである以上、教員養成カリキュラム全体の在り方と直結するものでもない。「教員養成GP」に採択された取り組みが当該大学の教員養成カリキュラム全体にどう影響するかは不明である（学部教育の4年という時間と比べても「教員養成GP」の期間はあまりに短い）。さらには、2年間で58件が「Good Practice」として採択されただけでは、教員養成の認定課程を有する機関の全体の改善にはほど遠いのである。そうした事情もあってか「教員養成GP」は3年目（2007年度）からは専門職大学院を対象としたもののみに限定され、2009年度以降は新規の募集を停止している。

　このように、一見すると既存の教員養成政策の枠に囚われない、市場原理による活性化策として注目されそうな施策も、その中長期的な効果や汎用性には疑問符がつく。それゆえ、「開放制」を前提としてネーション・ワイドな質的向上策を行うためには、単に市場原理に依存するだけではない、別種の政策が求められることになる。これが、後述するような、21世紀日本における教員養成の質保証策の展開に関わってくる。

　一方、こうした「教員養成GP」的施策は、各大学がそれぞれ独自性を持って展開してきた教員養成教育を、その時々の重点テーマに向けて方向づける性格を持ち、そこに「開放制」原則下の国公私立大学のうち、積極的かつ意欲的な取り組みを行っている部分が誘導されていくという構造を持ってもいる。この政策自体は「開放制」自体を改めようとするものでもなければ、各大学のカリキュラムに対して直接に統制を加えてその多様性を制限しようとする

ものでもない。しかしながら、各大学のプログラムのうち重点テーマに沿わない部分（たとえば教養教育や語学の充実、あるいは国際交流の活性化など）を支援の対象にしないという形で、国家による間接的な統制作用を持ってもいる。

　このように、21世紀初頭に市場原理が高等教育に広く導入されることになった中での日本の教員養成を構造的に捉えていくためには、従来「開放制」と大括りにされてきた概念を再検討し、再定義を試みたうえで実際の展開を分析する必要が生じてくる。

2.3　「開放制」の再定義・再検証

　竺沙の言うように「開放制」が分析概念としては限界を持つものでありながら、教員養成の「開放制」として語られてきた実態の数々が分析・検討のための重要な課題であることは確かである。だとするならば現時点で日本の教員養成における「開放制」をなるべく限定的に再定義し、そこから派生する、あるいはそれとは別個の諸課題を析出することは日本の教員養成システムを構造的に捉えるうえで重要であろう。

　ここで今一度「開放制」が文字どおり制度論上の概念であるという原点に立ち戻るなら、たとえば「教員養成機関の開放的性格」や、そこで養成される教員たちの視野の広さといった文化的・社会的な要素、および「目的養成」であるか否かというカリキュラム論的な要素（これらは前述の全私教協の批判に通じる）は捨象して捉えるべきであろう。そのうえで教員養成の「開放制」を再定義するなら「免許状認定に関わる主体の参入に制限の少ない制度」という要素を軸にするということに異論は少ないと思われる。

　このように再定義してみると、ここまでに挙げてきた事例は「開放制」との関係で以下のように捉えられる。株式会社が教員養成の主体として参入してきたことは「開放制」の進化・拡充であり、「教員養成GP」のように教員養成系を別枠扱いしない予算配分の施策が登場してきたことも「開放制」原則を前提としての教員養成活性化策である。

　ただし、日本における従来の教員養成が大学という場において行われてき

たことは確かであるものの、教員養成の主体としての大学のありようは決して安定的ではない。後述するような「機能概念」、「開放制」原則下の各大学それぞれに教員養成教育の捉え方には差があり、また各大学の中でも主体的に教員養成を担うことへの共通理解には濃淡があるのが実情である。そうした状況下に株式会社という異質な主体が「開放制」を拡充させる形で参入し、一方で「教員養成GP」等の施策は「開放制」原則に依拠しつつも各大学の主体を統制する作用を持っている、と捉えられる。

3. 日本の「開放制」と質保証

3.1 「質保証」への着目

　ではこうした「開放制」原則下での戦後日本の教員養成の諸課題はどのように捉えられるのか。

　前述の再定義のポイントは、「免許状授与」に関わるものであること、および参入する主体に対する制限が少ないこと、の二つにある。公教育を担う教員の入職要件としての免許状授与に関わるものである以上、必然的にその認定・授与に際しては一定の基準が課されることとなるが、その基準の程度・形式や、設定にあたってのイニシアチブの在り方に関しては、国家権力と大学の自治との関係が課題となる。また、教員免許授与に関わって多様な大学等の参入主体を認めることは、裏返せば全体的な需給関係や教育内容に対する行政的なコントロールを難しくすることにもつながる。言い換えれば、公教育の教員を量的・質的に確保しようとする政府の施策（それは国家権力を背景に持つ）と、入職前の教員養成教育を提供する大学（高等教育機関）の主体性との関係性の中で、教員養成が展開されていくことになるのである。

　以上のような認識に立ち、ここではいわゆる「質保証」のありよう—そもそも教員になる者の「質」をどう捉えるか、その「質」をいかなる主体が、いかに保証するか、等々—に注目して、日本の教員養成の展開を検討してみたい。もとより日本の教員養成における「質保証」は、高等教育機関による

質保証の一環としてのそれと、教員資質の維持・向上策としてのそれとが錯綜している状況にある。また、日本の学校で教員となる者の「質」については、単なる専門職（profession）としては捉えにくく、人格的な諸要素が含まれており、そのことが「質保証」をめぐる議論をさらに混沌とさせてもいる。

　ではその混沌はなにゆえに生じたのか。以下、日本の「開放制」の展開に即して検討してみたい。

3.2　旧制度下の教員養成：その「質保証」と国家統制

　少なくとも中等学校教員の養成に関しては「開放制」が戦後に特有の制度的原則ではなく、現行の課程認定制度の原基が戦前にあることは既にいくつかの先行研究の指摘するところである。寺﨑昌男は「日本の近代中等教育教員の養成は、初等教育教員の養成と対比すると、はるかに開放的な制度構造を、その発足当初から持っていた」（寺﨑 1983：346）とし、教員養成の「量的側面の維持機能を実際に担ったのは、まず大学であり、次いで専門学校・実業専門学校等の「無試験検定」資格を担った諸学校」等であると分析している。実際大谷奨の分析によれば、中等学校教員免許無試験検定の「許可学校」であった公私立の専門学校・各種学校等の後身校は戦後にほぼ例外なく課程認定を得て中学校・高等学校の教員免許状授与のための課程を設けており（TEES研究会 2001：329-365）、その意味で中等学校教員養成における「開放制」は、戦前・戦後に連続したものであると言える。

　ただし、旧制度下の無試験検定許可学校は、その卒業生の個別の到達水準に関して、文部省・教員検定委員会が直接に審査を行っていた（船寄ほか 2005）という点で、現行「開放制」原則下のいわゆる「一般大学・学部」に置かれた教職課程とは異なっている。許可学校は、卒業生それぞれの出席や成績、卒業判定に用いた試験問題のコピー等を教員検定委員会に提出し、教員検定委員会ではそれらの書類を基に審査したうえで、それらをパスした者のみに卒業の数カ月後に免許状を認定するのが通例であった。「開放制」の枠組みは現行制度とほぼ同じでありながら、教員養成の「質保証」（水準管理）に

関わる国家統制の度合いは戦後よりも強かったと言える。ただし、無試験検定の「指定学校」として別扱いされていた旧制大学は、旧制専門学校等とは異なり、教育内容や学生の学業成績への直接的な統制をほとんど受けていない。

　このような形で、旧制度下の中等学校教員無試験検定の許可学校に対して、文部省・教員検定委員会による直接的な水準管理が成り立ち得たのは、それが「大学」より格下の公私立専門学校・各種学校等に対するものであったためにそれが「学問の自由」「大学の自治」を冒すものとの批判が起こりにくかったことに加え、「許可」する教員免許状が、非義務の教育機関である旧制中等学校（中学校・高等女学校・師範学校）のそれであったということが大きく作用している。非義務教育である以上、旧制中等教育諸学校は、学ぶ意欲の高い生徒の存在を前提とした学習指導が主体となり、その教員に求められる力の中核は教科指導の水準の高さになる。実際、教員検定委員会の審査も、教科専門の試験成績のチェックが主体であった。

3.3　戦後日本の「開放制」と「質保証」の要請

　ところが戦後は旧制の高等教育機関が全て「大学」に一本化され、旧制からの大学の既得権益に即する形で、各新制大学において所定の単位を認定することのみで（卒業生の資質力量の水準を文部当局が審査をすることなく）教員免許状が得られるようになった。言い換えれば新制の各大学は教員免許状授与時点での「質保証」（水準管理）の役割を実質的に負うこととなった。

　一方、小学校の教員養成に関しては、旧来の師範学校が新制大学の教育学部・学芸学部となってその一部を構成し、また新たに公私立の大学が「教員養成を主たる目的とする組織」を設けて参入することが可能になる、という形で「開放制」が戦後に始まったと見ることができる。

　要するに、戦後の「開放制」は、戦前の非義務教育における教科主体の中等教育学校教員養成に加え、全教科担任を原則とする初等学校（小学校）教員養成や義務教育となった中等学校（新制中学・高等学校）の教員養成に拡充し、

なおかつ政府が直接に教育内容や教育水準（学生の学業成績等）を管理することがなくなる形で発足したのである。

　このことが、その後に「開放制」原則下で課程認定を受ける大学が増加して免許状の供給が増加するにつれて、教員の「質保証」に関わる批判が—国家試験制度を採っている他の免許・資格とは異なり—直接に大学に向けられることになった契機と見なされる。また、教員免許状の授与に関わる単位認定の水準や方法が各大学に委ねられたことによって、免許状の価値に関しての社会的な合意が得にくくなり、信頼が低下するという事態もここから生じたと考えられる。

　こうした課題を内包したまま戦後の「開放制」が展開され、その蓄積の上に競争原理・市場主義とサービス提供側の結果責任（accountability）等を基調とする新自由主義的なモメントが加わった結果として、教員資質の担保はまず教員養成教育を提供する各大学に負わされることになったと見られる。

　21世紀初頭の日本の教員養成政策において、2001年に「国立の教員養成系大学・学部の在り方に関する懇談会」（在り方懇・第4章参照）によって、医学部の「モデル・コア・カリキュラム」や工学教育のJABEE等の他分野の例に倣って「教員養成のモデル的なカリキュラム」が要請されたり、2006年の中教審答申において「教職課程の履修を通じて、教員として最小限必要な資質能力……の全体を明示的に確認すること」すなわち到達水準を確認することを目的とした「教職実践演習（仮称)」の導入が提案されたり、さらには課程認定行政と連動する形での「教職課程コアカリキュラム」が制定されたり、といった一連の政策動向も、こうした展開の中で、各大学の責任を求めたものと捉えうる。

3.4　「機能概念」「領域概念」と大学の主体性

　「開放制」が教員養成事業に関わる参入規制の弱さを意味するということは、実際には特定の（教員養成に方向づけられた）大学のみならず、多様な大学一般が教員養成を担うということである。教員養成系大学・学部以外のいわ

ゆる一般大学・学部において課程認定を受けて教員養成を行う場合は通常、教員免許状取得を希望する学生のみがオプショナルに教職課程を履修するスタイルを採る。こうしたケースでは、その教育機能の一つとして教員養成が位置づいているという見方＝「機能概念」が親和的なものとなる。

こうした「機能概念」について横須賀薫は早くから「教員養成―特に幼児教育、小学校教育、障害児教育の教員養成を考えれば、これを「機能概念」とみることは、教育実践における技術的体系性の否定ないし軽視をみちびくおそれが強い」として、むしろ大学の中に教員養成のための特定の「領域」をかたちづくるべきであること＝「領域概念」を提唱した（横須賀 1976：66-67）。しかしながら、この横須賀の「領域概念」という理論的課題としての提起は少なくとも中学校・高等学校の教員養成においてはほとんど無視され、「開放制」原則下での「大学における教員養成」とは大学教育の機能の一部に教員養成を含むという「機能概念」が永らく基調をなしてきた。このことが、「大学における教員養成」の主体としての大学のありように影響してきたことは否定できない。つまり、大学の一部に教員養成の「機能」がある以上、教員養成は大学全体が主体的に取り組むものではなく、その「機能」を担う一部分のみのものである、という認識が主流となって教員養成教育が展開されてきたのである。

一方、小学校（および幼稚園）の教員養成においては、「開放制」原則の下でも、「教員養成を主たる目的とする学科等」の設置が要件とされ（＝現行の課程認定基準 2 (5)）ていたこともあり、旧師範学校を母体としない一般大学で課程認定を得る大学は比較的少数にとどまった（課程認定制度導入時＝1955年入学生から設けた私立大学は 5 校のみである。第 1 章（27 頁）参照）。

その後、1980 年代に抑制策が採られるまで公私立の一般大学で小学校教員を新たに始めるところが漸増したことに加え、第 4 章で見たように国立の教員養成系大学・学部における教員養成課程の定員削減が続いたこともあり、2005 年度の時点で小学校教員新規採用者のシェアでは教員養成系大学・学部卒（45.9%）と一般大学・学部卒（44.5%）とが拮抗する状態となっていた。

これらの一般大学における小学校教員養成に関しては、独立した学科等の組織を設けることが要件となっており、その意味で横須賀の言う「領域」が確保されてはいる。しかしながら、一般大学で小学校教員免許状の課程認定を受ける学部は圧倒的に「文学部」等の人文科学系に偏る（岩田 2004b:78）などの構造的な問題を生んだ。大学の中に小学校教員養成を行う「領域」を確保する際、それに親和的な教育組織は教育学の研究を行う「文学部教育学科」に「初等教育専攻」を設けるという形であり、そして「文学部教育学科初等教育専攻」において小学校教員養成が行われるということは、その大学での小学校教員養成に関わる主要な意思決定—教員人事・入学・カリキュラム・履修・卒業判定等—が文学部教授会で行われ、小学校教員志望者は文学部の入試を受けて入るということを意味する。加えてこうした一般大学のほとんどが私立大学であり、コストパフォーマンスを考えるならば施設・設備に比較的多額の費用を要する自然科学や芸術の比率が（人的にも、物的にも、当然カリキュラム面でも）必然的に下がる。こうした状況が 30 年あまり続いてきたことが、近年指摘される「理科離れ」の一因になっているとも言える。

　この傾向は、2005 年度からの教員養成分野における抑制策撤廃後に小学校教員養成に新規参入する私立大学が激増した後も基本的に変わらないばかりか、「教員養成を主たる目的とする学科等」の「領域」を幼稚園と小学校の教員養成のみに必置としていることが、複数学部を抱える総合大学においてこうした組織だけが異質な「領域」として位置づけられ、やはり大学全体が主体的に取り組む事業として認知されない傾向を生んでもいる（第 7 章参照）。

4. 教員養成改革と日本的「質保証」の課題

4.1　教員養成の「質」に関わる日本的問題

　前節までで検討したことに加え、教員養成の「質保証」という時の「質」の捉え方において日本固有の問題があり、それゆえ政府が教員養成を提供する各大学への統制強化を行っても、その効果は限定的なものでしかない。

そもそも、教員の資質を分節化した項目として設定し、それに対しての明確な評価基準に基づく国家的な管理を強化することで資質向上を図ろうとする試みは、アメリカ・イギリス等の「先進」事例においても成功しているとは言えない現実がある。養成・研修のためのスタンダードの明確化やそのシステムの体系化は教員のHOW TO志向を生み（上野ほか2005：152）、国家によって指示された項目のそれぞれをクリアーすればよいという発想につながりやすい。そうした発想は、日々刻々と生起し、変化し続ける教育現実への柔軟な対応能力という、教員資質の本来的なありようとは本質的に相容れないものであり、その意味で国家的機関による水準管理の強化は教員の資質向上と相反するものであると言える。

　加えて、日本の教員の資質を分節化することには、イギリスやアメリカ等の教員についてのそれとは異なる困難がつきまとう。序章にも述べたように、いわゆる教職の専門性を論じる際の「専門家（professional）」あるいは「専門職（profession）」とは、高度に知的な業務に従事することに関しての神託（profess）を基盤とするものであり（佐藤 2005：102）、それゆえ「専門職」としての教員はある限られた分野の高度な知識・技能（a）を神から託されるという形（β）で権威づけられる。「teacher＝教える人」が文字通り「teach＝教えること」つまりは学習指導を専らに担うものとされ、「administrator＝学校管理職」「counselor＝カウンセラー」等、それぞれに範囲の比較的明確な業務に従事する者が分化している学校文化の基はこうした背景にある。しかしながら日本（および仏教・儒教文化圏のアジア諸国）においてはこうした「神」による託宣が成り立ち得ず、「先生＝先に生まれた者」や「師範＝手本を示す者」の権威や信頼は本人の人格的要素に多分に依存する（β'）ことになる。人格的要素が分節化困難なものである以上、教員の担うべきとされる業務の分節化も困難であり、それゆえ日本の教員は単に「教える人＝teacher」であるのみならず複数の分掌を担うadministratorであり、児童生徒の相談相手counselorであり、その家庭環境に問題を抱える際に解決を担うsocial workerであり、放課後の部活動のinstructorであり、さらには校区の治安維

持・安全管理を担う guardian あるいは policeman でもあるといったような多様な役割を同時に期待されることになる（a'）。こうした事情があるために、日本の教員養成改革の議論では常に資質向上の課題として「教員としての在り方」という人格的要素が問われてくることにもなり、資質管理についての分節化した項目をどれほど客観的に整理してもそれが「指導力不足教員」問題の有効な解決策としての社会的合意を得にくいのである。

第1章（18頁）で述べたように、2006年中教審答申で提案されている教員養成の専門職大学院（教職大学院）で共通的に開設すべき授業科目の領域において「学校教育と教員の在り方に関する領域」が含まれるというある種の論理矛盾は、上述の〈$a-\beta$〉と〈$a'-\beta'$〉の位相のずれから導かれたものと捉えられよう。

先に述べたように、非義務教育であった旧制の中等教育諸学校の教員は現在よりも純粋に各教科に関わる知識・技能の「teacher＝教える人」的であり、専門職（professional）と捉えるべき実質を持っていたと言える。しかしながら、義務教育となった新制中学校や、進学率の上昇とともに「準義務教育」化した新制高等学校における教育問題の多くは、教科指導それ自体ではなく、教科指導の場に生徒を導く前段階と言うべき「学びからの逃走」と総称される問題であり、この点は旧制度下と大きく異なる。

この問題は既に1971年の中教審答申「今後における学校教育の総合的な拡充整備のための基本的施策について」の中で「教員の養成確保とその地位の向上のための施策」として「戦前の中等学校とは異なった新しい教育指導上の問題」をに対して「教育指導の方法についてじゅうぶん修練を積んだ教員が必要」あると指摘されている（第1章参照）にもかかわらず、現在に至るまで各教科の教育内容に関わる学問を単位とした教育組織で中等学校の教員養成が行われるという基調は改められることなく、のみならずその組織原理が初等教育の教員養成にまで及ぶ形で進められてきた。そのことが、教員養成のありようと現実の教育問題との乖離を拡大させたのである。

以上のことから、「開放制」原則を前提としたうえで、その結果責任を問う

形で各大学が免許状授与を行う段階での到達水準に対して知識・技能を分節化させた項目に基づいての国家的チェックを強化したとしても、それが知識・技能を中心とするものである以上、日本の教員資質の向上策として充分なものであるとの社会的認知は得にくいと見込まれるのである。

4.2 21世紀型「師範タイプ」批判と代替ルートの展開

2006年の中教審答申「今後の教員養成・免許制度の在り方について」に至る一連の改革動向の一つの特徴は、教育改革国民会議(2000年)−規制改革・民間開放推進会議(2004〜06年)という、内閣府直轄の諮問機関が中教審に影響しているという点にある。教員免許更新制や教員養成分野の専門職大学院といった2006年答申の骨格は、2000年12月22日に教育改革国民会議が出した報告「教育を変える17の提案」にその原型が求められ、それらの具体化のプロセスで中教審が教員養成の「質保証」(水準管理)を意識した数々の策を打ち出す背景には、規制改革・民間開放推進会議が既存の教員免許状の効力に関して疑義を呈し、また教員養成の専門職大学院制度を「参入規制」の新設となりかねないものとして批判してきたことを受けての対応という面がある。特に後者の、規制改革・民間開放推進会議における教員養成問題の取り上げられ方は、これまでの「開放制」原則の下で行われてきた教員養成教育に対する教育サークル外からの評価を知るうえで興味深い。

同会議の教育ワーキング・グループは、中教審の審議状況に際して随時文部科学省担当官のヒアリングを行って情報交換を図りつつ、代替ルートからの教員のリクルートを想定し、既存の教員免許状の効力に疑義を呈するなど、折に触れて中教審を牽制している(第1章参照)。中教審が「教職実践演習(仮称)」プランの具体化や、教職大学院におけるカリキュラムイメージの具体化および評価体制の明確化といったことがらをこれまでになく重視している背景には、こうした「免許状の効力」に対する批判に応える意味合いが多分にあるものと思われる。

既存の教員養成教育と、そこで生み出されてきた教員たちに対する規制改

革・民間開放推進会議の見方は、2005 年の同会議の第二次答申に先立って内閣府が実施した「学校制度に関する保護者アンケート」[5] に端的に現れている。その問 8 はたとえば保護者が「現在子どもが通っている学校の教員に不満を感じる理由」が問われており、その選択肢として挙げられているものは、まず「教員養成系大学で型にはまった教育を受けている人が多いから」、ついで「大学（大学院）卒業後すぐに教員として就職し社会人経験が乏しいから」となっている。71 年の中教審答申で言われた「多様な青少年に対する教育指導」に際して、同会議では大学における教員養成カリキュラムの充実によってではなく、社会人経験（他業種）を持つ者の積極的登用をそのソリューションとして想定していることが読み取れる。さらにその底には、同会議が教員の現状の抱える問題の原因を教員養成課程の「型にはまった」教育に求めていることがうかがわれる。言うなれば 21 世紀型の「師範タイプ」批判である。

　実際、同会議の第二次答申（2005 年 12 月 21 日）は「多様な人材を確保するための方策として、全国規模で学校段階、公私の別、教科を問わず、教員免許状を有していないが、担当する教科に関する専門的知識経験又は技能を有し、また、社会的信望や教員の職務を行うのに必要な熱意と識見を持っている者に対して、特別免許状の授与を前提とした採用選考を実施することについて、積極的に活用する」[6] ことを提言している。

　教員養成と教員に関わる同会議の捉え方や、上述の内閣府によるアンケート調査の恣意性に関しては相当に問題があるが、それを割り引いても、ここで教員資質の問題が教員養成の「型にはまった」性質や、教員の社会経験の乏しさという、19 世紀から繰り返しなされてきた「師範型（師範タイプ）」批判と同じ枠組みでなされている点は興味深い。「開放制」すなわち教員養成を行う主体の参入に制限が少なく、多様な大学がそれぞれの持ち味を活かしながら教員養成を行うシステムが半世紀以上にわたって定着し、小学校教員に

---

5) 規制改革・民間開放推進会議「公表資料」。https://www8.cao.go.jp/kisei-kaikaku/old/publication/index.html
6) 規制改革・民間開放推進会議第二次答申「「小さくて効率的な政府」の実現に向けて―官民を通じた競争と消費者・利用者による選択―」2005 年、p.127。

関しても一般大学出身者からの採用がほぼ半数に達している状況においても
なおなされているということは、「開放制」原則が実際に幅広い視野を持つ広
汎な人材を教育界に確保してきたという社会的認知を得てはいないことの現
れでもある。

　そして、財界主導の同会議の特色あるいは限界は、その「型にはまった」
教員資質の向上策を、社会人登用等の人材の流動化・学校選択制の推進・教
員評価の厳格化といった、市場原理を基調とした新自由主義的な諸施策の延
長線上の代替ルートとして構想しているところにある。より具体的に述べる
なら、同会議が期待している教育界の活性化は、「学びからの逃走」と総称さ
れるような現代的な教育問題についてのリアルな実感を持っているであろう
不登校・中途退学経験者や触法少年としての前歴を持つ者等の活用や、若年
無業者の教育界での雇用といったような「型にはまらない」人材の登用といっ
た教育的対応ではなく、同会議が「社会人」と呼ぶところの、財界の求める
マンパワーの型にフィットした人材を部分的に取り入れるという発想に囚わ
れているとも見られるのである。

　同会議で検討された教育界への社会人経験者の登用は、第一次安倍内閣に
設けられた教育再生会議の第一次報告（2007 年 1 月 24 日）[7]で、子どもたちの
多様な学びを導くためには「社会の多様な分野から優れた人材を積極的かつ
大量に採用する」「人間性に溢れ、多様な経験と専門知識を持った教員を採用
し、教育現場の多様化と専門性の深化を図る必要」があるとし、具体的には
「文部科学省は、特別免許状授与数を、今後 5 年間で採用数の 2 割以上（ボト
ムライン）とするなど目標を設定」することなどを求める提言として反映され
ている。

　こうした動向に沿う形でその後、認定 NPO 法人 Teach for Japan（TFJ）
が各地の教育委員会との連携に基づいて、大学における教員養成によらずと
も、TFJ による独自の研修プログラムを経て特別免許状を得る等のルートで

7）教育再生会議「報告・とりまとめ等」。https://www.kantei.go.jp/jp/singi/kyouiku/houkoku.html

教員入職者を輩出しつつある。TFJ によれば、プログラムへの応募は教員免許状がなくても可能で、実際には「臨時免許状もしくは、小学校教員資格認定試験を活用して小学校教員になる」「特別免許状、もしくは、臨時免許状を活用して中学校教員になる」ことが紹介されており、同 NPO のアドバイザやスポンサーは主に教育界ではなく財界の著名な人や企業によって担われている。

付言するなら、TFJ はその創設から、アメリカの Teach for America やイングランドの Teach First など、従前の高等教育機関による教員養成とは異なる代替ルート（alternative）での教員養成を手がける団体による世界的なネットワーク Teach for All（TFA）の中にある。多様な主体が教員養成に参画する「開放制」は既に「大学における教員養成」の枠を超え、大学以外の多様な養成ルートを設定する形で世界的に展開されてきており、日本もその例外ではない、と見ることもできる。

4.3　2010 年代日本の教員養成政策と「質保証」

以上見てきたような新自由主義的な諸施策は、日本においては主に 21 世紀初頭の、自由民主党政権下（小泉内閣と、それを基本的に継承した安倍・福田・麻生各内閣）で進められたが、2009 年 9 月に民主党（当時）の鳩山由紀夫を首班とする内閣が発足し、政権政党の交代が起こった。

民主党と自由民主党の教員養成（教員の職能成長）に関わる政策の基本スタンスについては【表5-2】のように、ほぼ正反対のベクトルを持つものとして整理できる（岩田 2013：415）。しかしながら、両者の基本認識は、日本における「開放制」原則下、各大学それぞれに行われてきた教員養成教育について、その質保証が不充分であるとする点で共通しており、相異なるのはその先のソリューションの考え方についてである。

民主党の政策は大学（学部）レベルの教員養成を修士レベル化すること、す

---

8) Teach for Japan ウェブサイト「FAQ」。https://teachforjapan.org/faq-saiyo/

表 5-2　日本の教員養成改革論の類型

近代的	モデル	非近代的
民主党に近い	政党との親和性	自由民主党に近い
既存の教員養成システムの強化	基本的な発想	既存の教員養成システムの相対化、オルタナティヴへの期待
専門的な学識に基づく実践性	重視する価値	高い使命感に基づく実践性
絞り込んだ少数の大学から	リクルートメント	多様な大学に加え、大学以外の場から
高度化した大学・大学院	養成教育の場	学校現場、教育委員会がメイン
「修士レベル化」（2012.08 中教審答申）	施策の例	インターンシップ、社会人採用枠の拡大（2013.05 教育再生実行会議）

出典：岩田（2013：415）より作成。

なわち既存の養成教育の強化に重きを置く（≒近代的）のに対し、自由民主党のそれは大学以外からのリクルートや、現場でのトレーニングに重きを置く（≒徒弟制的、前近代的）という点で相異なるが、基本認識は共通しており、それゆえ政権政党の交代の後も（その後 2012 年に政権政党が再び自由民主党に戻った後も）、教員養成を行う大学に対しての政府によるチェックを求める形での質保証は基本的に連続しているのである。特に、2005 年の教員養成分野における抑制策撤廃に象徴されるような規制緩和策に対応して、教員養成の質保証を行っていくためには、大学を対象とした事後評価のシステムを整えておく必要があったこともその背景にあったと見られる。また、教員養成の代替ルートとしての教員資格認定試験については、鳩山内閣発足後の 2009 年 11 月に行われた行政刷新会議における事業仕分けにおいても存続を望む意見が多く、これを残す方向でその後の政策審議も進められていくことになる。

　こうした動向を「開放制」との関係で見ると、いわゆる修士レベル化は、対応できる大学が限られるという点においてその後退につながる動きであり、また政府による質保証策の強化は教員養成に関わる大学の主体性を殺ぐ動きであると捉えることができよう。

9）内閣府ウェブサイト「行政刷新」。https://www.cao.go.jp/gyouseisasshin/

民主党・野田内閣のもと、2012年8月28日に出された中央教育審議会答申「教職生活の全体を通じた教員の資質能力の総合的な向上方策について」では、「教職課程の質保証」に関わる節が独立して設けられ、いくつかの方策が示されている。

　そこには「コア・カリキュラムの作成を推進する」といった従前からの提言に加え、課程認定制度の運用に際しての改善（教職課程の認定を取り消すプロセスの明確化）といった施策の強化が謳われるとともに、これらに加えて「実習前の学生の質保証の観点から、医師、歯科医師、薬剤師等の養成において行われている共用試験を参考に、教育実習前に学生の知識・技能等を評価する取組」といった新たなものも提言されている。また免許状の授与に際しての国家試験の導入に際しては「中長期的検討課題」とされるにとどまっている。

　国家試験の導入に慎重姿勢を示す一方で大学に「共用試験」的なものを求める姿勢は、直接的な国家管理を避けて各大学の主体性を尊重したものとも読み取れるが、他方で「開放制」原則下での抑制策撤廃もあって量的に拡大した教員養成の絞り込みを大学側に求めたものとも解される。いずれも具体的な施策を伴っておらず、提言の域にとどまっている。

　この答申以降に実際に「質保証」策として採られたのは、主に課程認定行政の運用と、「コア・カリキュラム」の二点で、いずれも従前にあったものを強化する形のものであった。

　前者について、木内剛は2010年代において強化された課程認定行政の主なポイントとして、第一に科目担当資格（担当科目と教育研究業績との整合性）、第二に学科等の目的・性格と免許状との相当関係（設置理念と教員養成との関係の明確化）、そして第三に教職科目に対する規制強化（「教職に関する科目」の内容構成に関する指示等）、を挙げている（木内2013：36-38）。またこの前後の課程認定大学に対する実地視察報告書を分析した大和真希子（岩田ほか2019：33）によれば、視察を受けた大学に対する課程認定委員会からの改善指示の文言が、従前の「……に努めること」「……を図ってほしい」といったものから「速やかに是正すること」といった強い調子のものへと変化してきている。

これは、21 世紀初頭の規制緩和、中でも 2005 年に行われた教員養成分野における抑制策撤廃によって、特に小学校の教員養成に新規参入する大学が激増したことに対応して、課程認定行政の側から一定の歯止めをかけることで「質保証」につなげようとしたものと解される。なかでも木内の挙げた第二の点は、横須賀薫の主張してきた「領域概念」の具現であり（事実、横須賀は 2003 年から中教審の専門委員となり、民主党政権下の 2010 年からは教員の資質向上特別部会の臨時委員となっている）、主に官邸サイドから打ち出された量的な規制緩和策に対して、文部科学省サイドが目的性強化（教員養成に目的づけた教育組織の設置）の要請を強めることで質的な担保を図ろうとしたものと捉えられる。また第三の点は、のちに 2017 年に文部科学省が定めた「教職課程コアカリキュラム」の伏線になっているとも見られる。

ただし、課程認定行政はもともと旧制の専門学校等の、非大学を対象とした無試験検定許可学校制度の骨格を受け継いで、外形的指標に基づいて「最低水準」に達しないものを排除するという性格を旨とするものである。それゆえその運用を強化しても全体の水準向上には結びつきにくいばかりか、教員養成を行う良質な大学による内側からの質的向上の取り組みと相反する作用を生む。その典型例が後述する「コア・カリキュラム」をめぐる動きである。

4.4 「質保証」と大学側の動き

教員養成のいわゆる「コア・カリキュラム」については、2001 年 11 月 22 日に「国立の教員養成系大学・学部のあり方に関する懇談会」（あり方懇）が出した報告の中で、「教員養成における体系的なカリキュラムは、教員養成に携わる教員の間において必ずしも確立しているとはいえない状況にある」とされたうえで「日本教育大学協会を中心として速やかに教員養成のモデル的カリキュラムを作成し、（中略）各大学はそれらを参考にしながら、自らの学

10）この点に関しては、東京学芸大学・先導的大学改革推進委託事業（坂井俊樹代表・2009-10 年度）の一連の取り組みが参考になる。http://www.u-gakugei.ac.jp/~currict/about/accredit/report.html

部における特色ある教員養成カリキュラムを作成していくことが求められる」と提案されたことが端緒となっている。日本教育大学協会はこれに呼応して同年より「モデル・コア・カリキュラム」プロジェクトを組織して検討を行い、その答申（2004年）では、カリキュラムづくりの基本理念としての「〈体験〉－〈省察〉の往還」と、その基盤としての〈協働〉の提案がなされている。この答申は日本の教員養成系大学・学部の相当数のカリキュラム改革に相当の影響を与えたのみならず、中華人民共和国教育部による「教師教育課程標準」の策定（第6章参照）にも参考とされるなど、海外の教員養成改革にも波及している一方で、日本における教員養成系大学・学部以外のいわゆる一般大学・学部にはさしたる波及効果を与えるに至っていない。

　こうした、大学における教員養成のカリキュラムづくりの理念の共有化－カリキュラムコンテンツの標準化という動きとは別に、事前規制から事後評価へと比重を移す新自由主義的な諸施策の中で、いわゆる「出口管理」の文脈での高等教育の質保証も同時に求められることとなった。

　この時期（2008年度）に各大学の学部レベルでの教員養成の「出口管理」のありようをネーション・ワイドに検討した日本教育大学協会「学部教員養成教育の到達目標」検討プロジェクトの報告[11]によれば、学部段階の教員養成教育の到達目標を設定し、それを運用していくにあたってのスタイルは、(1) 卒業時におけるアウトカム評価を明示的に策定していく（北海道教育大学「チェックリスト」など、養成系単科大学に多い）、(2) 教職に向けての「履修モデルの整備」を行ったうえで、段階ごとの「到達目標」を定めていく（宮崎大学教育文化学部や琉球大学教育学部など、総合大学の教育系学部に典型的）、(3) 大学全体としての質保証の一環として、教員養成教育の到達目標を設定する動き（広島大学など、大規模総合大学に見られる）の三種に大別される。

　これらは、高等教育のアカウンタビリティの観点から、各大学がアドミッション・ポリシー（AP）、カリキュラム・ポリシー（CP）、ディプロマ・ポリシー

---

11) 日本教育大学協会『会報』第96号所収。https://www.jaue.jp/chosa/iinkai.html

（DP）を設定して明示する動きが、大学における教員養成にも及んでいることの現れでもある。上述の(1)は教員養成系単科大学のDPに、(2)は教員養成を行う学部のCPに、そして(3)は総合大学のDPに、それぞれ相当している。

5. 教員養成における日本的布置関係の生成

5.1　日本的「開放制」と「教職課程コアカリキュラム」

　しかしながら、上述のような、教員養成を行う大学側からの「質保証」の動きは、日本の大学における教員養成に関してのネーション・ワイドな実効性を持つに至っていない。その要因はさまざまに考え得るが、「開放制」の展開を軸に整理すると、以下のようになる。

　日本においては「開放制」原則の下、多様な主体（国公私立各大学）がそれぞれの理念で教員養成に参画することを広く認めてきた結果として、さまざまな構成原理を持つ教育組織が、それぞれの組織に基づいてカリキュラムを設定し、運用してきた。このことは、統一的なカリキュラムモデルを設定することの困難につながる。日本教育大学協会による教員養成の「モデル・コア・カリキュラム」の検討は、同協会に属する国立の教員養成系大学・学部を主に想定してなされているが、その中でも、教員養成の単科大学と、総合大学の中の「教育学部」とでは学士課程カリキュラムの構成原理も、その運営体制も相異なる（特に1991年の大学設置基準の大綱化と、2004年の国立大学法人化が、この多様性を加速させた）ために、その中での汎用性を担保する具体的なモデルの設定には至らず、基本理念を示すにとどまっている。日本における教員養成は、同協会の会員大学以外の多種多様な大学が「開放制」原則の下で行っている実態があり、それぞれの教育組織や学士課程カリキュラムの構成原理は千差万別である。たとえば理科の中学校教諭一種免許状を学士課程で取得する場合でも、教員養成系大学・学部（教科ごとの教育組織を持ち、小学校教員の養成と併せ行われ、なおかつ免許科目は全て卒業要件となる）、理工系の単科大学（単一の教育組織で、オプショナルに教職課程が併設される）、総合

大学の理工系学部（共通の教養教育をベースに各学部の専門教育がなされ、それに教職課程がさまざまな形で併設される）など、実に多様な形態を取っており、統一的なカリキュラムモデルの設定は困難を極める。加えて日本における教員免許制度は学校種・教科等で細分化されており、中教審答申で例示された「医師、歯科医師、薬剤師」等のように単一のモデルが設定し得ない状況にある。

それゆえ、上述の (3) のように、総合大学における CP・DP（その前提としての AP）の整備と連動させてカリキュラムモデルの整備と「出口管理」を統一的に行おうとしても、その中での教員養成系学部の到達目標という文脈で教員養成の質保証を部分的に可能にするだけで、他学部でオプショナルに教職課程を履修して教員免許状取得に至る学生たちをカバーし得ないのである。

また、日本においては、「開放制」原則下で教員養成の量的なコントロールがなされていないことも「質保証」のありように影響している。第 4 章に述べたように、「教育学部」の中でも国立大学の教員養成課程に対しては、教員の需給見通しを踏まえて学生定員のコントロールがある程度なされているが、国立大学の教員養成系以外の国公私立大学における総数については基本的に制限されていない（この点、特に東アジア諸地域との比較において際立っている。第 6 章参照）。小学校・幼稚園の教員養成に関わる部分については「教員養成を主たる目的とする学科等」が課程認定上の要件とされ、そうした教育組織の新増設については 1980 年代以降に抑制策が採られてきたものの、それも 2005 年に撤廃され、その後は国立大学の教員養成課程も含め量的な制限は課されていない。それゆえ、競争的環境下にある各大学は、それぞれに行っている教員養成の質についての説明責任を負わされることになる。たとえば教員免許状付与に関して政府の行うネーション・ワイドな資格試験が設定されていれば、その質の担保について政府が直接に責任を負うことになる（それぞ

12）東京に本部を置く大規模私学を例に取れば、日本大学では各学部それぞれに教職課程が置かれ（課程認定も別々に得ている）、明治大学では文学部に他の資格課程と合わせて教職課程が置かれ、慶應義塾大学では学部とは別組織としての全学的な教職課程センターが置かれている。

れの大学においては、この試験への合格実績が評価の主要な要素となるという形で間接的に作用する）が、日本の教員免許システムにおいては各大学での単位認定の積み重ねが免許状取得に直結するがゆえに、「質保証」の要請も各大学に直接なされるのである。前述のとおり、日本において教員免許状取得者の能力を政府が直接にチェックする手立てを持たないのは、旧制度の無試験検定において「指定学校」となっていた旧制大学に対する扱いにその源を持つ。それが戦後改革期に多様な高等教育機関・中等後教育機関を新制大学に一本化した際に既得権として踏襲され、その後に高等教育が大衆化して課程認定を得る大学が増加し、「大学を卒業した」（学士）というだけでは教員としての資質を担保していることの信頼を得にくくなった状況下でもなお続いているのである。

　こうした中で、日本の大学における教員養成に対するネーション・ワイドな質保証のツールとして教育職員免許法とそれに基づく課程認定行政にウエイトが置かれるのは、必然的な流れと捉えられる。しかしながらそれは、21世紀初頭からの日本の教員養成をめぐる政策動向に対して、有効に機能しているとは言いがたい。

　その典型例は、教員養成における「出口管理」的なものとして設定された「教職実践演習」の迷走に見られる。この新科目は2006年の中教審答申において導入することが提案され、前述のように全私教協など、大学サイドから多くの異論が出されたものの2010年度の新入生から教員免許状取得のための必修科目となった。当初は教員免許更新制導入との関わりで「免許授与時に教員としての適格性を判断する」ための仕組みとして新設が検討された（岩田2021：15）ものの、「適格性」の判断を大学の特定の科目一つに委ねることの問題が指摘され、最終的には「教員として必要な資質能力の全体」を確認する科目として、知識・技能の修得と課題の確認を旨とするものとなった。そしてその単位認定は各大学の裁量において行われており、この科目を含めての単位取得の積み重ねで免許状取得を可能とする制度的骨格が維持されている以上、新たな「出口管理」策としての社会的な信頼を得るには至っていな

い。当然、その背景には単に知識・技能を修得するだけでは教員資質として充分ではないと見なす教師観も作用している。

　その後の課程認定に関わる行政的運用の強化も、先に引いた木内や大和の指摘のように、大学の主体性を浸食する弊害は目立つものの、「質保証」策としての実効性は限定的である。端的に言えば、外形的指標に基づく審査によっては各大学における教員養成の体制のチェックはできても、そこで養成教育を受けて免許状取得に至る個々人の知識・技能の水準のチェックはできないのである。

　こうした一連の流れの中で文部科学省は直接に「教職課程コアカリキュラム」（2017年）の策定[13]を行い、それを課程認定審査に連動させる形で統制管理を強化することになったのである。そこで示された「作成の背景」においては2001年の「国立の教員養成系大学・学部の在り方に関する懇談会」以来の経緯が述べられ、その延長線上に「教職課程コアカリキュラム」が策定された旨の記述があるが、「在り方懇」に対応して日本教育大学協会が大学間連合として各大学の主体的なカリキュラム改善の手立てとすべく「教員養成のモデル・コア・カリキュラム」を検討した取り組みと、文部科学省が課程認定審査や実地視察といった許認可行政と連動させて「教職課程コアカリキュラム」の各項目への従属を要請するのとでは、ベクトルは180度異なっており、決して連続したものではない。後者は、「開放制」原則下で多様な大学が学生との関係においてそれぞれにカリキュラムを構築していく主体的な動きを制約・抑圧する作用を持つのである。

5.2　教員養成をめぐる日本的布置関係

　以上、本章で検討してきたことがらを、日本の教員養成における養成機関（大学）と政府（中央・地方）との相互作用のありよう（布置関係）に注目して整理すると【図5-1】のようになる。

---

13) 文部科学省ウェブサイト「教職課程コアカリキュラム」。https://www.mext.go.jp/b_menu/shingi/chousa/shotou/126/houkoku/1398442.htm

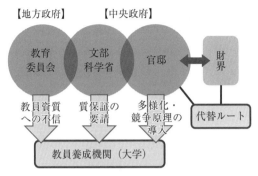

内の文字：

【地方政府】　　【中央政府】

教育
委員会

文部
科学省

官邸

財界

教員資質
への不信

質保証の
要請

多様化・
競争原理の
導入

代替ルート

教員養成機関（大学）

図5-1　教員養成をめぐる日本的布置関係

　中央政府については、首相官邸（内閣府）サイドが公的サービスを市場原理に委ねて多様なプロバイダに担わせるべく、教員養成についての代替ルート（株式会社やNPO等）の実質化も想定して既存の教員養成機関（国公私立の大学）に揺さぶりをかける一方、文部科学省サイドでは公教育システムを担う教員の質的水準の確保という文脈から、「開放制」原則下で教員養成を担う各大学に主に課程認定行政を通じて「質保証」の要請を行っている、という構図が見える。そして日本においては中央政府が直接に教員養成の量的（総量規制など）・質的（国家試験など）な管理を直接に行っていないため、そうした中央政府からのプレッシャーが直接に各大学にかかることになる。

　他方、実際に教育行政を担う地方政府（主に都道府県・政令指定都市レベルの教育委員会）においては、「開放制」原則下でさらに抑制策撤廃によって毎年度大量に生み出される教員免許状取得者が、教育現場でのさまざまな課題に対応し切れていない現実を前に、大学における教員養成の質に対する不信を持つようになっている。こうした不信は特に抑制策撤廃後の小学校教員の資質に対して著しく（第7章参照）、その観点から大学における教員養成教育に対する要請を強めていくことになる。特に大都市圏においては、一つの教育委員会が管轄するエリア内に教員養成を行う大学が多数あることから対等な関係が構築しにくく、教員人事権が教育委員会にあることも相まって、各大学は地方政府との関係においても劣位に置かれる状況が定着してきている。

ではこうした布置関係は「大学における教員養成」と、そこで生み出される教員たちのあり方にどのような影響を及ぼすのか。続く第6章では、東アジア諸地域における布置関係との比較を基に、日本的布置関係についてさらなる解析を試みたい。

第6章
教員養成の「質保証」と「布置関係」
―東アジアの中の日本―

　この章では、東アジア諸地域（中国本土・
台湾・香港・韓国）の教員の質的管理（質保証）
の態様を概括し、その中に日本の状況を置い
てみることによって、日本独自の「布置関係」
（中央政府・地方政府・大学の相互関係）の特質
を検証し、そのことが日本の教員養成に与え
る影響を検討していく。以下に見るように、
日本においては「開放制」原則下で教員養成
の規模が拡大し、その量的コントロールが充
分でないことが、保証されるべき「質」のあ
りようにも影響を与えているのである。

1. 問題の所在

1.1 「布置関係」への着眼

　前章の終わりに指摘したように、日本では「開放制」原則の下、さまざまな大学が教員養成に参入することが可能であり、しかも21世紀に入って以降の規制緩和も相俟って量的な規制がさらに弱まっている。それゆえ、特に人口も大学も多い大都市圏においては、その地域を管轄する教育委員会の負担が増すことになる。特に21世紀に入って以降の日本の教員養成政策においては、たとえば教職大学院を例にとっても、その主な入学者となる現職教員を派遣するのも、その教育内容に密接に関わる学校現場での実習の采配も、そこで教育を行う「実務家教員」の主な供給源も、修了者の人事的な処遇を定めるのも、基本的には都道府県・政令指定都市の教育委員会である（岩田2007：39）。学部段階の教員養成についても、たとえば2006年の中央教育審議会答申において母校実習の見直しが謳われ「できるだけ同一都道府県内をはじめとする近隣の学校において実習を行う」こととされて以降、地元の教育委員会に実習校の配当を委ねる比重が増した（岩田2021：12）。

　それゆえ、本来は大学の科目として運営されるものである教育実習の実施に際し、大学は教育委員会に「お伺いを立てる」「お願いする」力関係が定着し、学生（実習生）たちは大学における事前指導の場面でも、実習校に失礼のないような立居振舞を指導され、明確なドレスコードがないにもかかわらず無難なデザインのスーツを選んで大半の実習生が実習に臨むことになる。

　このように見てくると、学生たちが教員になりゆく学びのプロセスは、教育実習などの入職前のプログラムそれ自体の内容もさることながら、それらを取り巻く諸アクター間の相互関係＝「布置関係」によって規定されていることがわかる。教員養成における「布置関係」は、【図6-1】に示すように、中央政府（日本の場合文部科学省）・地方政府（主に都道府県・政令指定都市の教育委員会）・教員養成機関（大学）の三つのアクターの関係として描ける。

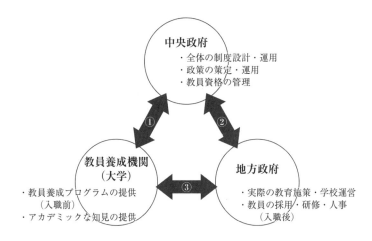

図 6-1　教員養成をめぐる「布置関係」の基本形

　先に挙げた教育実習の例は、一義的には地方政府と教員養成機関との相互
関係（③）として捉えうるが、中央政府の関わり如何でその相互関係は容易に
変えうる。たとえばタイの国立大学には学部生の制服が定められており、学
生が実習に出る際の服装の迷いはない。シンガポールの教員養成は国立教育
学院（National Institute of Education, NIE）のみによって計画的に行われてお
り、学生は公務員身分を持つがゆえに公務員と同じドレスコードが適用され
る。対して日本はこのような中央集権的な政府を持っていないので、上述の
ような地方政府と教員養成機関との力関係の中で学生が立居振舞においてプ
レッシャーを受ける構造になっている、とも捉えられるのである。

　あるいは、中央政府が教員養成の量的な制限を行う（①）ことによっても、
「開放制」のメリットは殺がれるものの、教育実習等の運営における地方政府
（教育委員会）の負担は減る。実際、民主党政権下（2009.9 ～ 2012.12）で打ち出
された教員養成の「修士化」は、質的なレベルアップとともに量的な絞り込
みを構想していたものでもあった。たとえば 2010 年 12 月 12 日の教職大学院
協会のシンポジウムで「教員免許制度改革と教職大学院への期待」と題して
基調講演を行った鈴木寛（文部科学副大臣＝当時）は、修士レベル化で長期化

する実習の運営に関して、中学校の教員免許状発行数（約5万）と採用数（約2千）のアンバランスを指摘したうえで「必修である教育実習を 5000 人に減らせば、今のキャパシティで 40 週できますし、そしてその 5000 人を近い将来、教壇に立つようにするため、来る方も真剣、受け止める方も真剣という実のある実習にできるのではないか」[1]と述べているのである。この構想は後の政権政党の交代（自由民主党・公明党の政権復帰）によって立ち消えになっているが、中央政府による積極介入の可能性を示したものであった。

　さらには、中央教育審議会答申で打ち出した「母校実習の見直し」の積極的なフォローアップとして、実習生の配当に関する統一的なガイドラインを策定したり、実習校を管轄する都道府県の教育委員会の負担を減らすべく教員加配等の人事的措置や予算の増額を行ったりする等の政策を中央政府（文部科学省）がとる（②）、という解決策もあり得る。

　このように、教員養成に関する課題とその解決策を探っていく際に、上述のような布置関係に着眼していくことで、問題構造を重層的に捉えることが可能になるのである。

1.2　参照例としての東アジア諸地域

　この点に関わって東アジア諸地域（中国（本土）・台湾・香港・韓国）の教員養成を質保証という観点から横断的に検討した共同研究[2]から得られた知見は多い。

　序章では主に、東アジアに着目するメリットとして学力観や教師像の近似性（それは第 1 章に述べた「師」の含意にも通じる）・教育システム（6-3-3-4 の単線型が基本）と社会的な状況（shadow education の発展による学校教育の地位の低下等）の近似性・教員養成システムの近似性（並列型：学位プログラムと教職プログラムが学士課程の中に同時並行で配置される）の三点を挙げたが、布置関

---

1) このシンポジウムの模様は 2010 年度『日本教職大学院協会年報』に採録されている。https://www.kyoshoku.jp/document.html
2) 東アジア教員養成国際コンソーシアム「東アジアの大学における教員養成の質保証に関する国際共同研究」。http://www.u-gakugei.ac.jp/~icue2009/index.html

係のありようを検討するうえではさらに以下の二点が東アジア諸地域におけ
る特質として指摘できよう。

　いま一つは、これら東アジア諸地域は、日本も含めて一様に少子化傾向に
あり、教員の需給関係の調節が政策課題として重みを持っているということ
である。第4章に述べたような、日本の教員養成系大学・学部に加えられた
政策的な変更も、元をたどれば第二次ベビーブーマーたちが学齢期を過ぎた
後の教員需要減が見込まれたことに端を発しているのである。

　さらにもう一つは、これら諸地域においては、後期中等教育と高等教育の
間にギャップがなく、十代後半で高等学校（高級中学）を卒業して直ちに、あ
るいは1〜2年程度の受験準備教育（いわゆる浪人）を経て大学に進み、学士
課程を経て二十代前半で入職するという標準的なキャリアパスを辿るという
点である。実際、日本の場合、2020年度大学入学者（635,003名）のうち20歳
以下が97.8%（621,082名）を占めている（令和2年度学校基本調査）。これら諸
地域においては大学入学に至る受験準備の競争も激しく、そうした中で大学
に入学し、教員養成プログラムを修了して入職する初任教員たちの資質とし
て、特に社会的な成熟度という点で共通の問題を抱えていると言える。

　以上のような認識に立って、以下、東アジア諸地域の中に日本を置きなが
ら、主に「質保証」との関連において布置関係を見ていきたい。

2.「質保証」と「布置関係」：その東アジア的状況

2.1　教員の質的管理策の諸相

　近代国家にとって、公教育を担う教員の質と量を充分に確保することは重
要な政策課題である。入職に至るまでの教員の資質に関するネーション・ワ
イドな管理策の主なものとしては以下の四種類が挙げられよう。

　（A）入職者の資質能力の直接管理
　　政府による資格試験、入職時の職能基準の設定等

(B) 教員養成プログラムの管理

　プログラムの基準設定、カリキュラムモデルの設定、プログラムの認証
　評価等

(C) 教員養成機関に対する管理

　定員や予算のコントロール、教員養成機関の認証評価等

(D) 教員採用時のスクリーニング・導入教育

　教員採用・選考、初任者を対象とした研修等

　このうち (A) (B) (C) は主に中央政府、(D) は主に地方政府によって担われ、それぞれの地域において (A) (B) (C) (D) が組み合わせられて教員の質的管理がなされていく構造になっている。

　(A) は日本においては見られないが、教員資格の認定に関わる政府の統一試験は東アジアでは台湾において 2005 年度より行われている。この試験制度にはたびたび変更が加えられているが、2017 年度からは認定を受けた大学 (師範大学・教育大学のほか一般大学の教育学科・教職課程) で四年次までの所定の科目を履修した者が教師資格検定に臨み、その合格の後に教育実習 (半年間) を終えて教員資格が認定されるシステムになっている。中国 (本土) においても 2011 年より政府による統一的な教師資格考試 (試験) が開始された。これは教員の需要増に伴い旧来の師範学校や師範大学だけでは養成の絶対数が不足した時期 (2001 年から) に非師範大学卒業者に教師資格を与えるべく実施されたものが、その後の質的保証策として師範類卒業者にも適用されることとなったものである (王 2018：10)。この考試は「総合素質」「教育知識と能力」「教科知識及び教授能力」の三分野について行われ、一次は筆記 (択一式、論述式)、二次は面接形式となっている。

　一方、香港においては、特にイギリス統治下の旧制度において教員養成ルートが複線的かつ多様であったことの影響もあり、統一的な資格試験は設けられていないものの、師訓與師資諮詢委員会 (Advisory Committee on Teacher Education and Qualification, ACTEQ) によって入職時の職能基準 (induction scheme[3]) が設定され、これが初任者研修の評価項目として用いられている。後に検討するが、日本において各都道府県の教育委員会が当該地域の大学等との協議に基づいて設定している「育成指標」も類種のものとみなすことができる。

　(B) としては、日本の課程認定制度がその機能を果たしている。各大学が提供する教員養成プログラムのそれぞれの科目について、政府のガイドラインに沿っているか否かの審査が行われ、それをパスしたものだけが認められる、というシステムである。また、中国(本土)においても「教師教育課程標準」が設定され、さらに教員養成機関の認証制度が構築されるなど、類種の動向が見られる。

　(C) が強い力を持って行われている例は、韓国と台湾に見られる。いずれも全ての教員養成機関を対象として政府系機関による定期的な評価がなされ、その結果によって定員や予算のコントロールがなされている（評価が高い場合は定員増や予算増、低い場合は定員や予算の減、さらには閉鎖）。韓国においては、1998年より韓国教育開発院 (KEDI) による教員養成機関評価が行われ、「教育大学校」「師範大学」「教育大学院」「一般大学の教育科」「一般大学の教職課程」などの類型ごとに5〜6年に一度の評価がなされている。台湾においても1996年から教育部によって始められた教員養成機関評価 (自己評価が主体) が2006年度に強化され、評価結果がその後の定員のコントロールにつながるようになっている。

　(D) について、採用選考の単位は基本的に各学校もしくは地方政府であるが、韓国における採用試験は韓国教育課程評価院 (KICE) で共通の一次試験 (筆記) が行われた後に各地方 (道・市) の教育庁において模擬授業・面接の二次試験が行われ、道・市の教育庁単位で採用が決まるシステムになっている。また、日本の教育公務員における「条件附採用」と初任者研修のように、入職後一定期間の身分に制限を付すとともに初任者の研修に統一的なガイド

---

3) 香港特別行政府師訓與師資諮詢委員會（ACTEQ）'Teacher Induction Scheme'（英語版）
　http://www.edb.gov.hk/FileManager/EN/Content_2227/pamphlet-eng-final.pdf

ラインを設定して運用する取り組みもこれに相当する。これら採用・研修の実施主体は地方政府（教育委員会）が担うのが基本となる。

　こうした諸施策のパターンを念頭に置いて、以下に東アジア各地域の教員養成（入職前）－採用（入職時）を中心にその質保証（質的管理）に関わる布置関係を見ていく。

2.2　各地域の布置関係

2.2.1　中国(本土)

　中国（本土）の教員資格制度は、1994年の中華人民共和国教師法と、それに続く教師資格条例によって基本骨格が定められている。師範学校（後期中等教育レベル）や師範大学の本科（学士レベル）・専科（準学士レベル）の師範教育類は、日本の大学における教員養成課程におおむね相当し、それぞれ所定の単位を修得して卒業することで教員資格の取得が可能であった。この師範教育類の総定員については毎年度に教育部が指定し、各師範大学等の入札に基づいて配分が決まるという形で量的な管理が行われている。

　その後2000年頃より前述のように教員の需要増に伴って日本の「開放制」に近い制度が導入され、こうした師範教育類以外の高等教育機関も教員養成プログラムの提供が可能になるとともに師範大学等も師範教育類以外の教育組織（日本の教員養成系大学・学部における新課程に近い）を設ける動きが拡がった。その際、後者の大学等の卒業者については、各省・直轄市（北京・上海・天津・重慶）政府の行う教師資格考査を経て教員資格が認定されるシステムが導入された。その後徐々に師範学校を大学（本科）に昇格させるなど、教員養成機関のレベルアップが進むものの、大学の本科（学士）のほかに準学士レベル（専科）と後期中等教育レベル（師範学校）が並立し、教員資質の統一的管理と向上策が課題となった。

　こうしたことから、二本立てのルートを一本化する試行が始まり、2011年には6の省市で統一の教師資格考査（師範教育類卒業者も、それ以外の者も一緒に受ける）が行われ、その後全国に導入されることとなった。また後に見るよ

うに、教員養成機関のカリキュラムの基準（教師教育課程標準）の設定や、教職専門性基準（教師専業標準）など、関連する規程も整備されてきている。そうした意味で中央政府によるイニシアチブが強いとみられるが、錯綜している部分もある。

教員の採用については、2000年に導入された「校長責任制」（人事・予算等の広汎な権限を学校長に付与し、学校運営の活性化を図る）以降、学校単位の採用が増えており、地方政府（おおむね市・県レベル。副省級など一定の規模のある市では区単位もある）での一括募集・選考採用および入職後の人事配置と並立している。教員研修については中央政府（教育部）の示す国家研修計画に基づいて各地方政府において実施されるが、中国では初等・中等教育においては教員の職階制（下から三級・二級・一級・高級）が設けられており、研修プログラムの修了が職階の上伸に結びついてもいる。

2.2.2　台湾

全体的には日本における「開放制」に近い制度が採られており、また教員資格の取得は学士以上（大学）に限られているため、中国（本土）のように複数レベルの基礎資格の混在は基本的に見られず、また細かな職階制もない。

教員養成のプログラムは、教員養成を主目的とした師範大学（中等教員養成メイン）・教育大学（初等教員養成メイン）のほか、それ以外の私立も含む一般大学で教育学部・学科を設置して行うケース、師資培育中心（教員養成センター）を設置するケースの三種に大別される。これらの大学で所定の単位を履修して4年の課程を修了した後に、政府（教育部）の行う教師資格検定をパスしたうえで実習を行い、その実習の修了を以て教員資格の取得となる（黄 2015）。この試験の合格率は例年全体では6割程度であり、「師範大学・教育大学」・一般大学の教育学科・一般大学の教員養成センターの順に合格率が高い。また、教育部の行う機関評価の結果により定員減や廃止を求められる機関が増えており、少子化に伴う教員の採用減に対応して、全体的に量的な絞り込みが厳しく行われていると見ることができる。

採用に関しては地方自治体（県・市）の行う選考試験をパスすることが要件

となるが、新規採用数が極端に少なく、全体での合格率は 2% 程度（競争率は 40 〜 50 倍程度）を推移している。

　以上のような状況から、台湾においては、教員養成プログラムに入る時点での量的な絞り込みと、統一の教師資格検定といった二つの中央政府主導の施策を軸として教員の量的・質的な管理がなされていると捉えられる。

2.2.3　香港

　香港においては、教員養成プログラムは大学において提供されているが、そもそも前提として大学の数が少ないということがある。大学教育資助委員会（UGC、第 2 章参照）による公費の援助を受けている大学が 8 校（香港教育大学のほか、教員養成プログラムを提供する香港大学・香港中文大学・香港バプティスト大学・香港理工大学のほか香港城市大学・香港科技大学・嶺南大学）、独立財政で運営されている大学が 1 校（香港公開大学＝教員養成プログラムを提供）の計 9 校しか域内に大学が存在しない。このうち教員養成プログラムを提供する 6 大学は、教育内容やカリキュラム等の協議の場を定期的に設けるとともに、教育局より年度ごとに示される教員養成プログラムの総定員（学士課程および学卒後課程）の配分を協議している。なお、イギリス統治下より、教員養成の学士課程プログラムと並立して学卒後課程（Post-graduate Diploma of Education ＝ PGDE もしくは Post-graduate Certificate of Education ＝ PGCE）が各種設けられており、養成ルートは複線的である。

　教員の資格認定（Qualified Teachers Status ＝ QTS）を得るための統一試験は行われておらず、各大学の提供するプログラムの修了を以て相当する学校種・教科の QTS が得られる。この点で中国（本土）や台湾とは異なり、日本や韓国に近い。

　また、香港における初等・中等教育の大半はさまざまな経営母体の設けた学校で政府の基準を満たすところに公費助成を与える形で運営されており（資助校。全体の約 80%）、教員の採用はこの経営母体（宗教団体・社会福祉団体・その他公益財団等）ごとに行われる。入職後の研修の実施権限は教育局にあり、実際には各学校での指導教員（mentor）の監督下で実施される。その際の基準

として、入職時の職能基準 (induction scheme) が設定されている。

教員養成機関を含む大学の評価は、香港学術及職業資歴評審局 (Hong Kong Council for Accreditation of Academic and Vocational Qualifications, HKCAAVQ) によって定期的に行われるが、これは主に各大学における内部質保証を外からピアレビューによってチェックする体制 (アクレディテーション) を基本としており、基準の設定は各大学による。

総じて見れば、教員養成プログラムを提供する大学の数が少ないこともあり、各大学の自律性、および大学間連合の自律性に重きが置かれる形で教員養成が行われ、採用においてもそれぞれの経営母体の独自性が保たれている地域であると捉えられる。

2.2.4　韓国

韓国の教員養成システムは、初等学校のそれと中等学校のそれとで制度骨格を異にしている。教員養成機関として認定を受けた大学の所定の教育コースを修了した学生は卒業と同時に「正教師2級」免許 (最初の入職要件) が与えられ、その有資格者が、韓国教育課程評価院 (KICE) の行う教員任用考査をパスすることで採用される、という基本的なシステムは初等・中等に共通であるが、実際に教員養成を提供する機関の数が大きく異なるために、布置関係も異なる。

初等学校 (小学校) の教師養成は国立の教育大学校11校がほぼ独占的に担っており、この11大学はカリキュラムや運営体制などの面で共通性 (凝集性) が強い。この教育大学校の定員は教員需要に合わせて教育科学技術部が定めており、それゆえ教員免許状の供給数も一定に保たれている。

対して中等学校 (中学校・高等学校) の教員養成教育を提供する機関は、国公私立大学に置かれた「師範大学」(school of education) のほか、一般大学の教職課程等も数多く、日本の「開放制」に近い。

しかしながら、韓国が日本と大きく異なるのは、この「開放制」部分についても量的な制限がなされている点にある。すべての教員養成機関に対してタイプ別に数年毎に行われる KEDI による教員養成機関評価 (2018年開始の第

5周期から教員養成機関力量診断と改称）の結果によって、定員や予算のコント
ロールがなされており、また教育大学校や師範大学以外の、一般大学の教職
課程に関しても、その履修者数（≒教育実習生の数）についての制限を設けて
おり、各大学ではその範囲内で学業成績や面接等によって学生の絞り込みを
行っているのである。

　韓国における教員養成機関評価の詳細については他の文献（崔2015ほか）に
ゆずるが、日本と比べた場合の特質としては、その評価項目が具体的で詳細
にわたること、そしてその評価結果が予算や定員のコントロールに直結して
いる点が挙げられよう。ただし日本の課程認定行政と連動した「教職課程コ
アカリキュラム」のような、教員養成プログラムにおける個々の授業内容に
対する統制は弱く、大学の主体的なカリキュラム編成については日本の場合
と異なり制約が少ない。また教員についても中国（本土）同様に職階が設けら
れており、昇進に際しては、教職キャリアの中での研修歴等のポイントを重
ねることが要件となっている。

2.3　日本の布置関係をどう捉えるか

　ここまでに見てきた東アジア諸地域における教員の質管理策に、日本を加
えてまとめると【表6-1】のようになる。このように、東アジア諸地域の中
に位置づけてみることで、日本の「大学における教員養成」を取り巻く布置
関係の特質が浮かび上がってくる。以下、主なものを三点挙げておく。

　第一に、【表6-1】を一見してわかるように、教員養成プログラムの量的な
コントロールがなされていないのは日本だけということが挙げられる。他の
東アジア諸地域が、主に少子化傾向に伴う教員需要減を想定して量的な制限
を強める中、日本においてはむしろ、1980年代以来の抑制策が撤廃され、大
学が教員養成プログラムを提供する際の参入障壁がさらに下がることとなっ
ている（第7章参照）。多種多様な大学がひとしく教員免許状取得に至るプロ
グラムを提供できることは「開放制」原則の大きなメリットであるが、それ
は裏を返せば「どこでも誰でも取れる教員免許状」の価値についての社会的

表6-1　東アジア各地域の教員資質管理

	日本	中国 (本土)	台湾	香港	韓国
教員養成プログラムの量的コントロール	なし (抑制策撤廃)	あり (師範類の総定員を入札により割り振り)	あり (機関評価に基づき政府が決定)	あり (大学間の協議により総定員を割り振り)	あり (機関評価に基づき政府が決定)
ネーションワイドな資格試験	なし	あり (教師資格考試)	あり (教師資格検定)	なし	なし
教員の採用 (主なルート)	地方政府ごとの採用試験	地方政府一括の採用と、学校単位の採用が混在	地方政府ごとの採用試験	学校の経営母体ごとの採用	一次試験は全国共通、二次以降の採用は各地方
専門性基準	地方政府ごとの「育成指標」	教師専業標準(教育部 2012)	教員評価(教師専業発展評鑑)と連動	ACTEQ(政府系機関)策定の入職導入指標	教員評価(勤務評定)と連動
教員養成機関のチェック	主に課程認定行政	政府系機関による評価	政府系機関による評価→予算や定員の変更を含む	各大学の内部質保証	政府系機関による評価→予算や定員の変更を含む

認知を下げる要因にもなりうる。加えて日本の場合、全国統一の資格試験は行われておらず、課程認定を得たいずれかの大学で所定の単位を取得することで教員免許状が取得できる（これは第5章で見たように、旧制度の中等教員無試験検定における「指定学校」＝旧制大学の既得権を継承している）。それゆえ免許状取得者の質的担保の責任を各大学が直接に負うことになり、資質の低下に対する外からの批判は直接に大学に向けられる。日本においても医師や法曹のように国家試験で新規入職者が認定されるシステムをとっている分野においては質的担保の直接責任は政府にあり、合格率の低い医学部や法科大学院はその社会的な評価が下がるという形で間接的な批判対象になるのに対し、教員免許状については大学が直接に批判のターゲットになるのである。

　第二に、中央政府による統一的な資格試験がなく、また教員養成プログラムの量的コントロールもなされない中で、ネーション・ワイドに教員養成の質的担保の多くを課程認定行政による教員養成プログラムのチェックに依存していることが挙げられる。これは日本における「開放制」が教育職員免許法に基づく免許状授与プロセスに関わる制度原則であることを踏まえ、その施行規則（免許要件とする科目の設定）や実施のための細則（課程認定基準等）を

精緻にすることで、教員養成機関の質的担保を企図したものと捉えられる。ただし、そこでの課程認定基準の精緻化や運用強化は、基本的にはそれぞれの科目での「含むべき事項」を具体化（その延長線上に「教職課程コアカリキュラム」を設定）し、課程認定の許認可行政に結びつけるという形で行われている。それゆえ教員免許状取得者の資質の向上に直結しえない一方、教員養成プログラムを提供する各大学の主体的なカリキュラム・マネジメントを阻害するという副作用を生む。この点、韓国や台湾で行われている政府系機関による教員養成機関評価が、予算や定員などの強制力を持ちながら、大学の主体的なカリキュラム・マネジメントの内部には及んでいないこととは対照的である。2018年に文部科学省より示された学習指導要領において、初等・中等教育における「主体的対話的で深い学び」を支える各学校のカリキュラム・マネジメントの重要性が謳われながら、その担い手の養成に関わる大学のカリキュラム・マネジメントが阻害されつつあるのはなんとも皮肉な現象である。

　そして以上のような問題の結果、第三の問題として日本における教員入職者の資質の管理の実際面で教員採用に比重がかかるという事態を招いている。公立の小学校・中学校・高等学校等に関しては人事権を有する各都道府県・政令指定都市の教育委員会単位で採用試験が行われているが、全般的な傾向としては募集カテゴリーの多様化と「人物重視」の選考が目立っている。前者については教職経験者のほか、大学からの推薦者、特定技能等に秀でる者（英語など）等について、一次試験を免除する形で設定されており、また後者については単に配点の比重の増大のみならず、各教育委員会が「本県の教員として望ましい人物像」等を、多くの場合は育成指標（後述）と関連づけて示す動きにもつながっている。当然、教員養成プログラムを提供する大学のキャリア支援（教員就職のサポート）においてはこうした「人物像」を踏まえての面接や論作文指導が行われることになる。

---

4) これについては荒井篤子（時事通信出版局教育事業部＝当時）による講演（2010年5月28日・東京八重洲ホールが参考になる。第4章注10）（p.127）参照。

では、このような特質を持つ日本的布置関係は、実際の教員養成の実践や、その中で育つ教職入職者のありようにどう投影されるのか。以下いくつか東アジア諸地域の事例と日本のそれとを比較するケース・スタディを試みたい。

3. 日本的「布置関係」と教員資質：比較研究的ケース・スタディ

3.1　中央教育行政：「教師教育課程標準」と「教職課程コアカリキュラム」

先に述べたように、日本の課程認定制度は、1953年に改められた教育職員免許法で導入され、概ね1955年度の新入生から適用された。その後の「開放制」原則下での教員養成教育の量的拡大に伴うネーション・ワイドな質保証策として、徐々に運用が強化され、2017年には文部科学省初等中等教育局に置かれた「教職課程コアカリキュラムの在り方に関する検討会」より「教職課程コアカリキュラム」が示され、これが以後の課程認定の許認可手続に用いられている。中央政府が入職前の教員養成プログラムの在り方に関しての基準を定めること自体は珍しいことではなく、東アジアにおいても中国（本土）で2011年に「教師教育課程標準（試行）」が公布されている。

両者の概要を整理したのが【表6-2】である。「教師教育課程標準」の成立に関しては臧（2013）による研究に詳しいが、1990年代後半以降に師範教育（入職前の教員養成教育）が拡大するのに伴い、①課程開設が随意的である（授業時間数の不揃い）、②類設定は単調である（選択科目の少なさ）、③教育実践類が貧弱である（実習の不充分さ）、④教授・学習方式が単一的であり、知識が古い、⑤正しい子ども観、教師観、教育観、教師の専門性が不足している等の問題が顕在化し、全国的な統一基準の策定が求められたことから具体化したものである。

一方、日本においては2001年11月の「国立の教員養成系大学学部の今後の在り方に関する懇談会」（在り方懇、第4章参照）で教員養成の「モデル的なカリキュラム」が提言されて以来、その設定が政策課題となった。その後

表6-2 「教師教育課程標準」(2011年) と「教職課程コアカリキュラム」(2017年)

教師教育課程標準 (2011.10)		教職課程コアカリキュラム (2017.11)
中華人民共和国教育部	制定	教職課程コアカリキュラムの在り方に関する検討会
教育部師範教育司 (現・教師工作司) が2004年10月にプロジェクトを発足。学校種別に研究チームを公募、コンペで委託先を決定 (華東師範大学・首都師範大学・東北師範大学)。	検討組織	「検討会」(2016年8月、文部科学省初等中等教育局長裁定で設置) のもとにWGを組織。委員はいずれも文部科学省が任命。
基本理念 (共通) ／課程目標と課程構成 (学校種別=幼稚園・小学・中学) ／実施提案 (対行政機関、対養成機関など)。	構成	教育職員免許法施行規則の枠組みに準拠し、「教職に関する科目」のそれぞれについて「一般目標」「到達目標」を項目化して提示。
教育行政機関に対してはその後の施策の方針／教員養成機関に対してはカリキュラムの整備や実施体制の充実の指針。	活用	課程認定行政と連動。各大学は課程認定申請の際に各科目のシラバスと「到達目標」の対応関係を示すことを求められる。
「課程構成」に合わせての科目数や・単位数の増加、「基本理念」「課程目標」に沿う形の内容の改善等。	大学への影響	科目内容の固定化、自律性の阻害。

2015年の中央教育審議会答申では「教職課程の質の保証・向上」策の一つとして「大学が教職課程を編成するに当たり参考とする指針 (教職課程コアカリキュラム) を関係者が共同で作成することで、教員の養成、研修を通じた教員育成における全国的な水準の確保を行っていくことが必要」と具体的に踏み込んだ提言がなされるに至り、「検討会」につながったのである。

　両者を見比べると、多くの相違点が見出せる。策定に際して中国では7年あまりを要しているのに対し日本のそれは1年ほどである。検討のための組織については、中国がコンペによって三つの師範大学にそれぞれ幼稚園・小学校・中学校 (初級中学・高級中学) のそれぞれを委託したのに対し、日本においては文部科学省の局長裁定で設けた「検討会」が学校種にかかわらず共通の内容を持つ部分について検討する形となった。それゆえ、前者が「育人為本」「実践指向」「生涯学習」といった基本理念から説き起こされているの

5)「これからの学校教育を担う教員の資質能力の向上について～学び合い，高め合う教員育成コミュニティの構築に向けて～ (答申)」(2015年12月21日)。

に対し、後者は教育職員免許法施行規則に定める科目構成を前提とし、その「一般目標」「到達目標」という形で含むべきコンテンツを示すものとなっている。

こうした成り立ちや内容構成の違いは、両者のその後の中央教育行政における扱われ方にも投影している。日本の「教職課程コアカリキュラム」がそれ以後の課程認定行政（新規の申請に加えて改組などに伴う再課程認定申請の審査も含む）における許認可の基準として作用し、それぞれに定めるコンテンツを各科目に含めることが要件とされたのに対し、中国の「教師教育課程標準」は、高（2016）が指摘するように強制力を持っておらず、「大学自治・自主弁学」の理念に基づいて各大学が主体的にカリキュラムを改善していく際の参照基準として作用したのである。

こうしたことから、日本の「教職課程コアカリキュラム」は、文部科学省が課程認定行政の運用を強化して教員養成プログラムにおけるそれぞれのコンテンツを統制する目的に適ったものとして策定されている（その目的に適うように「検討会」を組織している）、といった特質が顕現してくる。

3.2　地方教育行政(1)：教育実習の運営(ソウル特別市と東京都)

では、地方教育行政との関係においてはどうだろうか。特に大学数も学校数も多い大都市圏においては、教育実習等の実践的なプログラムの運営が錯綜しがちである。そこでの布置関係と実際場面への影響を、ソウル特別市（以下単にソウル）と東京都を例に見てみたい。

ソウルは、東アジアの中でも一極集中が特に典型的に現れたところであり、高等教育機関の偏在という点においても日本の東京を遥かに上回っている。[6] そして中学校・高等学校の教員養成に関しては多くの大学がそれぞれにプログラムを提供しており、教員養成機関の集中という点では日本の大都市圏と

---

6) 韓国の大学数206（2012年）のうち、70校（34.0%）がソウル特別市内に本部を有しており、これは日本の大学数783（四年制・2013年「学校基本調査」）のうち東京都内のそれが138校（17.6%）であるという以上に一極集中が進んでいる。

同様の状況にある。

　韓国における小学校の教員養成は、13校（国立の教育大学校11・教員大学校1のほか私立大学1）による閉鎖的なシステムの中で行われているが、中学校・高等学校の教員養成については、師範大学[7]（総合大学の中で中等教員養成に目的付けた教育組織。日本の教員養成系学部の中等教員養成課程に相当）46校のほか、一般の大学で教育学科を置いているところが59校、師範大学や教育学科に属さない学生にオプショナルに教員養成プログラムを提供する教職課程を置くところが156校（重複あり[8]。いずれも2013年の統計）あり、日本の「開放制」によるシステムに近い。教育実習（中学校・高等学校教員の免許状取得のプログラムにおいては基本的に4週間以上）は大学のカリキュラムの中に位置づけられ、評価や単位認定は大学が（実習校との協議のうえで）行うものとなっている。

　当然、ソウル特別市およびその近郊には多くの大学が集中し、中学校・高等学校の教員免許取得者についての供給過剰が課題となっている。ただし、この供給過剰に対して、韓国においては中央政府のイニシアチブが強い点に特徴がある。一般大学の教職課程履修者についての量的な制限（おおむね学生定員の一割程度）が教育科学技術部より課せられており、各大学は通常二年次の教職履修登録の時点でそこまでの学業成績（GPA）や面接（教職への意欲や教育への問題関心を問うもの）による選抜を行い、履修者を絞り込むことになる。[9]この、中央政府による教職課程履修者の量的抑制に対して、ソウル市内の一般大学の教職課程担当教員たちは（概ね一割という数字そのものには異論が相当に見られたものの）優秀な教職履修者を輩出するうえでは合理的なシステムであるという肯定的な受け止めをする者が多い。

　そして、このように教職課程履修者≒教育実習生があらかじめ量的に制限されているがゆえに、いわゆる「教育実習公害」批判は少ない。また実習校

7）韓国においては学士課程を持つ高等教育機関（university）は「大学校」と呼ばれ、その中で専門分化した教育研究組織が「大学」（college）と呼ばれている。それゆえ「師範大学」（college of education）は日本で言う「教育学部」「教育学研究科」に相当する組織と捉えられる。

8）たとえば、ソウル特別市にある私立大学の一つである高麗大学校では、師範大学を持っているが、それ以外の教育組織に属する学生を対象としたオプショナルな教職課程も併設している。

9）延世大学校・金恵淑教授のインタビューによる（2014年7月29日）。

の確保に関しても附属学校を持たない各大学がそれぞれ個別に協力校と協定・申し合わせを行うことで、割り振りに関する混乱は少ない。さらに、実習生を受け入れる実習校の担当教員に対してはインセンティブ（昇任の際などの根拠となるポイントの付与）が設定されている。

ソウルの教育庁は採用や研修に関しては権限を持っているものの、教員養成プログラムを提供する各大学との間で教育実習の運営に関して介入をすることはない。当然、日本における東京地区教職課程研究連絡協議会（東教協）のような、教育実習を中心とした教職課程のマネジメントに関する域内の大学間連合的な組織もない。

対して東京都における教育実習は、東京都教育委員会の定める「東京都公立学校教育実習取扱要綱」（2010年9月10日から施行）に基づいて細かく規定されている。この「要綱」によれば、東京都の公立学校で教育実習を実施できるのは「原則として、主たるキャンパスが東京都内に所在している」大学の学生で（「要綱」第2条）、実施に際して各大学は「あらかじめ東京都教育委員会に届け出なければならない」（同第3条）とされている。また実習生は「教職に就く意志のある者であること」（同第5条）が実習参加の要件とされるなど、「開放制」原則下での教育実習生の絞り込みは実質的にこの「要綱」による部分が大きい。

のみならず、東京都教育委員会は2010年2月に「大学の教員養成課程等検討委員会」を設置し、小学校教員養成のカリキュラムや実習評価の在り方についての検討を行っている。その結果は「小学校教諭教職課程カリキュラムについて」としてまとめられ、そこでは教育実習の評価に関わる「教育実習成績評価票」や教育実習における各大学の取り組みを評価する「教育実習評価票」のサンプルが示されるとともに、このコンセプトを採用行政に連携させていくことが謳われている。以上をまとめると【表6-3】のようになる。最大の相違点は中央政府による量的な絞り込みの有無にある。少数の、あらかじめ絞り込まれた意欲あふれる実習生たちと、多数の、意欲も資質もさまざまな実習生たちとでは、実習校での受け止めや、社会的な認知も異なる。

表 6-3　教育実習体制の比較：ソウルと東京

韓国（ソウル特別市）		日本（東京都）
2 大学（ソウル教育大学校、梨花女子大学校）	初等教員養成プログラムを持つ大学数	36 大学（国立 2、私立 34）
厳しく絞り込まれた入学定員	実習生の絞り込み（教育系大学）	緩やかに管理された入学定員
教育科学技術部による定員に合わせて、各大学で選抜（学業成績、面接等による）	実習生の絞り込み（一般大学）	各大学の事前指導に委ねられる
大学と実習校との協議に基づくアレンジ	実習校の配置	教育委員会主導のアレンジ
あり（ポイント付与）	実習校のインセンティヴ	なし（実習校の「ボランティア」）
強い（量的制限）	中央政府の関与	弱い（課程認定行政による実習体制のチェック）
少ない（ソウル特別市教育庁）	地方政府の関与	強い（実習の受入・割り振り・評価等における東京都教育委員会のイニシアチブ）
教職課程に特化したものはない	大学間連合	東京地区教職課程研究連絡協議会（東教協）

「若いけれども優秀な未来の教師」とみられるか「知識も技能も不充分な半人前の実習生」とみられるかは、当然のことながら実習生の意識にも影響する。日本（少なくとも東京）の実習生たちの自己肯定感の低さ（岩田 2021：7）はこのようなところに起因するものとも見られる。

3.3　地方教育行政(2)：教員入職時の職能基準（香港と東京都）

　一方、教員の資質向上策の一環として、教員に求められる資質力量を項目化して基準を設定する動きも見られる。これらの一部は教員の業績評価と連動して昇進などの人事的措置の根拠として用いられる（台湾・韓国など）が、それとは別に入職時の基準を設定し、初任者の研修の目標として運用するケースもよく見られる。日本においては、2015 年に「教職課程コアカリキュラム」の策定を提案した中央教育審議会答申の中で「教員の養成・採用・研修の接続を強化し一体性を確保するため」に人事権を有する各都道府県の教

育委員会等が当該地域の大学等との協議の場＝「教員育成協議会（仮称）」を設け、そこで「教員育成指標」を策定することが提言された。そして「子供たちや学校，教員，地域等の実情はそれぞれ異なるため，「教員育成協議会」（仮称）ごとに協議・調整を行い，学校と地域の連携・協働体制を構築しつつ，教員育成指標を整備していくことが必要である」と各地域の独自性の尊重が打ち出されたこともあり、その後に各都道府県でそれぞれに策定が行われた。一例として東京都の教員初任者対象のものを、研修計画の当該項目と合わせて示したものが【表6-4】である。

　これに近い構成を持っているものに、香港における入職時の専門性基準がある。香港においては、歴史的な経緯もあって教員養成のルートが複数存在し、さらに免許を持たないまま入職する教員（permitted teacher）も少なからずいる。こうした状況を踏まえて、師訓與師資諮詢委員會（ACTEQ）が初年次の研修の目標として定めているのが【表6-5】に示す「完成入職啓導備考」（新任教師の指導を完成させるために考慮すべき事項）である。

　香港においてはこの項目それぞれ（さらに下位の具体的な要求項目が設定されている）について、研修指導教員（mentor）と教員初任者とが到達度を確認していく形で研修が行われる。

　両者を見比べてみると、構成の共通性が読み取れる。これは、教員初任者に求められる資質力量が教科指導と生徒指導、そして保護者や地域との関連も含めた学校運営にカテゴライズされることの普遍性・妥当性を示している。しかしながら、両者の初任者の捉え方には相当な差異がある。東京都の研修計画においては1〜3年目の教員は基本的に「指導教員等」から「指導や助言を受ける」者、「若手教員育成研修等」で学ぶ者、という位置づけになっているのに対し、香港のそれは自立した専門職としての基礎を身につけた者としての性格を持っている。東京においては「教育公務員としての自覚」「組織の一員」が前面に現れているのに対し、香港では学校運営においても主体的に参画することが求められているのである。教科指導においても、東京では「学習指導要領の趣旨を踏まえ」ることが最初に来ているのに対し、香港では

表6-4 東京都公立学校教諭（基礎完成期：1〜3年目）の指標・研修計画

「指標」(2017年7月)		研修計画 (2021年度)	
カテゴリー	項目	(OJT)	(Off-JT)
求められる能力や役割	○教員としての基礎的な力を身に付ける。 ○教職への使命感、教育公務員としての自覚を身に付ける。		
教員が身につけるべき力 — 学習指導力	・学習指導要領の趣旨を踏まえ、ねらいに迫るための指導計画の作成及び学習指導を行うことができる。 ・児童・生徒の興味・関心を引き出し、個に応じた指導ができる。 ・主体的な学習を促すことができる。 ・学習状況を適切に評価し、授業を進めることができる。 ・授業を振り返り、改善できる。	・指導教諭等、他の教員の授業を参観する。 ・学年や教科会等でテーマを決め、グループで相談したり、協議したりする。 ・校内研究会等の中で、提案したり、意見を述べたりする。	・若手教員育成研修等で、ICTの活用を踏まえた教科の基礎的な指導方法を学ぶ。 ・区市町村教育委員会の研究会や東京都教育委員会研究推進団体等の授業研究に参加する。
教員が身につけるべき力 — 生活指導力・進路指導力	・児童・生徒と信頼関係を構築して、授業、学級での規律を確立できる。 ・生活指導上の問題に直面した際、他の教員に相談しながら解決できる。 ・児童・生徒の状況に応じたキャリア教育の計画を立てることができる。	・生活指導主任や進路指導主任等による講義や助言を受ける。 ・学年や分掌部会等でテーマを決め、グループで相談したり、協議したりする。 ・生活指導主任会等で提案したり、意見を述べたりする。	・若手教員育成研修等で、生活指導や進路指導の内容・方法の知識・理解を深める。
教員が身につけるべき力 — 外部との連携・折衝力	・課題に応じて保護者や地域、関係機関と連携を図り、学年主任の助言に基づいて、解決に向けて取り組むことができる。 ・保護者会等の進め方を理解し、保護者に伝える内容を整理するとともに、信頼関係を構築することができる。	・指導教員等から連携や折衝の方法等について指導・助言を受けながら業務を遂行する。 ・保護者面談等の機会に学年主任に同席し、実際の対応の仕方について知識・理解を深める。	・若手教員育成研修等で、保護者対応の基本や連携の際の接遇マナーの知識・理解を深める。
教員が身につけるべき力 — 学校運営力・組織貢献力	・組織の一員として校務に積極的に参画できる。 ・上司や先輩へ適切に報告・連絡・相談するなど、円滑なコミュニケーションを図り校務を遂行できる。	・校務分掌の部会等で、主任教諭や指導教員等から進行計画の立案や進捗状況の報告、振り返りなどの指導や助言を受けながら業務を遂行する。 ・校務分掌の部会等で、自分の担当した職務について、指導を受けながら、校務に参画する。	・若手教員育成研修等で、ICTの活用を踏まえた組織的な業務の進め方の知識・理解を深める。
教育課題への対応力	教育課題に関わる法的な位置付けや学習指導要領の記述を確認するなどして課題に対する知見をもち、主体的に対応することができる。	・指導教員等から、助言を受け、教育課題に関わる法的な位置付けや学習指導要領の記述を確認するなどし、課題に対する知見をもって主体的に対応できるように知識・理解を深める。	・ICTの活用など、教育委員会が主催する教育課題に関する研修会や講習会等で知識・理解を深める。

出典：「東京都公立学校の校長・副校長及び教員としての資質の向上に関する指標」「令和3年度東京都教員研修計画」。https://www.kyoiku.metro.tokyo.lg.jp/administration/council/teacher_upbringing_council.html

表6-5 「完成入職啓導備考」(香港) の項目

次元	領域	分化項目
教授と学習	教科内容知識	教科内容知識の掌握
		教科内容知識の更新および新たな教科知識の探求
		教科の授業方法の共有
	カリキュラムと教育内容知識	教育内容知識 (PCK) の掌握と応用
		カリキュラムのデザインと遂行および改善
		教育内容知識の共有と更新
	教授方策と技能、言語およびマルチメディアの運用	教授方策と技能の認識および応用
		言語運用能力
		異なる指導法やマルチメディアを活用しての児童・生徒の動機づけ
		教授方策と技能についての研究と発信
	評価と評定	児童・生徒の評価と手順
		評価結果の使用
		教授学習の評定と計画
児童・生徒の発達	学校における児童・生徒の多様性	児童・生徒の多様なニーズの把握
		児童・生徒それぞれのニーズの認識と支援の提供
		児童・生徒の多様なニーズの識別・支援に関する同僚との協働
	児童・生徒との円滑な関係	児童・生徒との円滑な関係を構築することの重要性の自覚
		児童・生徒との円滑な関係の培養
	児童・生徒個々のケア (生徒指導・カウンセリング・キャリアガイダンス)	児童・生徒への心のケアの提供
		心のケアの提供に関する同僚との協働
	児童・生徒の多様な学習経験	参加と実行
		計画と組織
		児童・生徒の全人格的発展
学校の発展	学校のビジョン・使命・文化・校風	学校のビジョン・使命・文化・校風への適応
		学校の信念・ビジョン・使命の実践
		面倒見がよく親しみやすい雰囲気作り
		学校のビジョン・使命・文化・校風の振り返りと学校文化・イメージ作りへの貢献
	学校運営・手続・措置	学校の目標と運営方針の理解
		学校運営・手続・措置の実行
		学校の運営方針の策定、手順の見直しおよび学校の持続的発展の実践
	家庭と学校との連携	児童・生徒の家庭背景の理解
		保護者とのコミュニケーション
		保護者の活動への参画
		保護者との信頼関係に基づく学校の将来的発展
	社会の変化への対応	社会の変化が学校に及ぼす変化についての自覚
		社会の変化および社会的価値に関わる諸課題への対応
専門集団と服務	校内での協働関係	同僚との個別の仕事上の関係
		グループでの仕事上の関係
		公的な組織における仕事上の関係
	教師の専門性発達	知識や成功経験の他者との共有
		教師の専門性発達への貢献
	教育政策への参与	教育に関連する政策の理解と認識
		教育に関連する政策への対応
		教育に関連する政策への貢献
	教育関連の地域コミュニティのサービスとボランティア	コミュニティとの幅広い相互関係
		地域コミュニティにおける教育関連サービスとボランティア

出典: 師訓與師資諮詢委員会 (ACTEQ)「新任教師専業発展 入職啓導工具 (第五版・2009)」中国語版
pp.16-36 より訳出。

教育内容知識 (pedagogical contents knowledge=PCK) を掌握してカリキュラム
デザインを行う主体が求められている。端的に言って、大学のプログラムを
修了したばかりの初任者に求める資質力量の水準という点において、香港に
比べて東京では相当に低く想定されており、未熟な若者をこれから育てると
いうコンセプトで研修計画が組まれていると捉えることもできよう。

4. 教員養成をめぐる日本的「布置関係」：今後に向けての課題

　以上見てきたように、教員養成をめぐる布置関係において、東アジア諸地
域の中でも日本はかなり特異な状況にある。
　日本においては「開放制」が古くから採られ、また高等教育の大衆化も比
較的早くに進行したため、その拡充度合いが他よりも大きいことが大きな特
色となっている。しかもそうした状況を踏まえての量的なコントロールもな
されていない。また資格試験などのように中央政府が教員入職者の資質力量
を直接に担保するシステムも持っていない。それゆえいわゆる「教育実習公
害」論などの養成現場における問題や、免許状取得者の資質に関する懸念は、
教員養成プログラムを提供する大学に直接に向かうことになる。こうした布
置関係を、前章 (133 頁)【図 5-1】を基に再構成したものが【図 6-2】である。
　第 5 章に見たように、日本の中央政府においては、教員養成をめぐって「規
制緩和」を求める官邸と、実際の教員たちの質的管理策を講じる文部科学省
との相克があり、政策の基本骨格に揺らぎがある。そうした事情もあってか、
実施に向けての細部の設定を地方政府（特に教員人事権を持つ都道府県・政令指
定都市の教育委員会）に委ねる傾向がある。本章で述べた教員育成指標や採用
選考の具体（人物像や選考基準、募集区分の設定等）のみならず、教職大学院の
「実務家教員」や現職院生の選定等、実際のところについては中央政府からほ
ぼ「丸投げ」された形で地方政府が担っているのである。そしてそれぞれの
地方政府の運営は相異なる部分を持っており、そうした矛盾含みの状況に対
して各養成機関や教職志望学生たち基本的に受け身の対応を余儀なくされる。

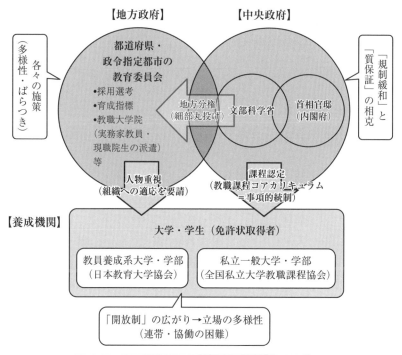

図6-2　教員養成をめぐる日本的布置関係 (増補)

　一方、中央政府は「開放制」原則下で規模が拡大した教員養成機関（大学群）に対して、教育職員免許法に基づく課程認定行政を通じてそのカリキュラム・コンテンツの統制という形で質的な担保を試みてはいる。しかしながらそれは教員免許状取得者や教員としての新規入職者に対して直接に作用するものではなく、初任者研修においては自立した専門職として教育現場を担う教員ではなく、指導を受けて育っていく被教育者としての教員が想定されるという事態を生んでいるのである

　このような、カリキュラム・コンテンツによる事項的統制（中央政府）と「人物重視」の採用（地方政府）の双方のプレッシャーが教員養成を行う大学にかかってくる布置関係においては、「大学における教員養成」の元来の持ち味であるところの学問的な見識を教員入職者に確保することの比重は下がらざ

を得ない。しかも、日本の「開放制」原則下で教員養成プログラムを提供する大学の「教育学部」は、文字通りの教育学部以外にさまざまな組織を持っており、さらに国立・公立・私立といった設置者も多様である。それゆえ教員養成プログラムを提供する大学間の横の連携・協働も難しい。大学間連合の大きなものとしては日本教育大学協会（国立の主に教員養成系大学・学部を組織）と全国私立大学教職課程協会（全私教協＝私立大学の教職課程を組織）があるが、前者については2004年の国立大学法人化以降に各大学の運営が多様化し、共通目標が持ちにくくなっている。旧制の師範学校を母体としていても、それが教員養成の単科大学となる場合と、総合大学の中の一部局となる場合とでは、運営組織も財源の獲得方法も異なるのである。一方後者については、加盟しない大学も多く、会員大学間の温度差も生じている。

　そうした状況下で、日本においても教員養成プログラムの総量規制を考える、先に引いた鈴木寛のような政治家の主張が将来的に具体的な形を取る展開になった際、「大学における教員養成」の良質な部分が残るようにするにはどうすればよいのか。

　続く第7章では、そうした検討を行う前提として、2005年になされた教員養成分野の抑制策撤廃以降に日本で生じた小学校教員養成の構造変容とその影響についての解明を試みたい。

第7章
「開放制」と規制緩和
―「教育学部」と小学校教員養成の構造変容―

　この章では、前章までで見たような日本の「大学における教員養成」の展開と、そこにおける各アクターの相互関係（布置関係）を踏まえ、その延長線上に生じた現代的課題として、2005年からの抑制策撤廃の後に小学校教員養成において生じた構造変容とその影響を考察したい。21世紀初頭の日本で採られた規制緩和策は、競争を活性化させて全体の水準向上を企図したものだが、その後十数年の推移を見る限りでは、残念ながら教員資質の向上にはつながっておらず、むしろ「負のスパイラル」が生じているとも捉えうる状況が生じてしまっているのである。

1. 問題の所在

1.1 「開放制」原則下の初等教員養成

　本書第 1 章・第 5 章などにおいて検討してきたように、「免許状授与の開放制」＝「免許状認定に関わる主体の参入に制限の少ない制度」(112 頁) は、戦後日本の教員養成における二大原則の一つとされているものの、その実際の展開プロセスは、中等学校 (旧制中学校・高等女学校・師範学校→新制中学校・高等学校) の教員養成と、初等学校 (小学校 (国民学校)・幼稚園等) のそれとでは大きく異なっている。

　前者については、旧制度下から目的養成機関としての高等師範学校における教員養成だけでは教員需要を量的に満たすことはできず、これらを補う意味で試験検定・無試験検定等、資格取得のルートが多様に存在し、なおかつこうした補完的なルートで取得した教員資格は目的養成機関で取得するそれと優劣がなかった。

　対して後者については、旧制度下において小学校教員の最上位「本科正教員」免許の取得のルートが基本的に師範学校 (府県立、1943 年より官立) に独占されており、その他の補完的なルートで取得できる教員免許状との間に業務範囲などの階層差があった。それゆえ、教育現場が師範学校卒業者に独占されていたわけではなかったものの、前者に比べると閉鎖的な性格が強かった。その意味で、戦後教育改革の結果として、旧師範学校を母体とした国立教員養成系大学・学部以外にも公私立のいわゆる一般大学の小学校教員養成への参入が行いうる制度が成立したこと自体は大きな変化であった。

　しかしながら、この制度が発足して比較的早い時期に小学校教員養成を新たに開始した一般大学は少なかった。これは主に、1953 年の教育職員免許法改正によっていわゆる課程認定制度が導入された (1955 年度の新入生から) 際に、その審査基準を教育職員養成審議会 (当時。後の中央教育審議会初等中等教育分科会教員養成部会) が定めた中で小学校・幼稚園の課程認定に関して「教員養成を

主たる目的とする学部・学科を設けなければならない」という要件を付したことによる。それゆえ、小学校教員養成に参入する大学は「文学部初等教育学科」「家政学部児童学科」などの組織を設けることが必須となり、中学校・高等学校の教員養成ほどに多様な学部が参画する状態にはならなかったのである。

付言するなら、教育職員免許法に先だって戦後の学制改革の基本的な理念や制度を検討した教育刷新委員会は、その第一回の建議（1946 年 12 月 27 日[1]）で「教員の養成は、綜合大学及び単科大学において、教育学科を置いてこれを行うこと」を提案していた。つまり全ての学校種の教員養成について「教育学科」を必置にすることが当初は企図されていたのである。しかしながらその後の審議で修正がなされ、第 34 回総会（1947 年 5 月 9 日）において「教員養成に関すること（其の一）」を採択した際には「小学校、中学校の教員」は「教育者の育成を主とする学芸大学を終了又は卒業したる者」「綜合大学及び単科大学の卒業者で教員として必要な課程を履修した者」等から採用する、とされるに至ったのである。このうち前者が教員養成系大学・学部に、後者が一般大学・学部にオプショナルな教職課程を置くケースにそれぞれ相当しており、現行の制度の原基となっている。

その後導入された課程認定制度は、旧制度の中等学校教員無試験検定制度と骨格を同じくするもので、基本的には「指定学校」だった旧制大学の既得権を新制大学でも踏襲している（第 5 章参照）。新たにこの「開放制」原則に含まれることになった小学校・幼稚園の教員養成についてのみ、教育刷新委員会の最初の建議を踏まえての課程認定基準が設定されているのである。その意味で、「開放制」の例外的存在であったとも言える。

さらに 1980 年代以降の高等教育政策の中で、医師・歯科医師・獣医師・船舶職員・教員の各分野（いわゆる「抑制五分野」）については「おおむね必要とされる整備が達成されているので、その拡充は予定しないこととする」[2]とし

---

1) 文部科学省ウェブサイト「学制百年史資料編（四）教育刷新委員（審議）会（抄）」。https://www.mext.go.jp/b_menu/hakusho/html/others/detail/1318177.htm
2) 大学設置審議会（1984）「昭和 61 年度以降の高等教育の計画的整備について（報告）」。

て抑制策が採られて新増設が認められない状態が続いてきたために、小学校教員の養成においては旧師範学校を母体とする国立教員養成系大学・学部の比重が高く、実態としての「開放制」の展開は遅れていた。

1.2　転機としての抑制策撤廃(2005 年)

　国立教員養成系大学・学部では、第 4 章で見たように、この抑制策に沿う形で 1980 年代以降に徐々に教員養成課程の規模を縮小させてきた。主な動きとしては、① 1980 年代後半からいわゆる新課程 (ゼロ免課程＝教育学部の中にありながら教員免許状取得を要件としない課程) を設け、そちらに学生定員の一部を移したこと、および ② 1998 年～ 2000 年の三年間に国立教員養成系大学・学部の教員養成課程の定員を 15,000 人から 10,000 人へ縮小する、いわゆる「5,000 人削減」策が採られたこと、の二点になる。結果として、この「削減」後の入学者が卒業を迎えた後の 2005 年度において、公立小学校の新規採用教員 11,518 名のうち教員養成系大学・学部出身者は 5,285 名 (45.9%)、一般大学・学部出身者は 5,124 名 (44.5%) とそのシェアが拮抗するに至っていた。

　これに加え、「聖域なき構造改革」を謳う小泉純一郎内閣 (2001-2006 年) のもと、首相官邸に置かれた総合規制改革会議は、「規制改革の推進に関する第 1 次答申」(2001 年 12 月 13 日[3]) において、この抑制策を「大学の設置等に対する参入規制として働くと考えられる規定が定められていることは問題である」と批判してその見直しを迫った。その後中央教育審議会は 2005 年 1 月 28 日に出した答申「我が国の高等教育の将来像」において，教員分野における大学等の設置又は収容定員増について，「必要に応じて個別に検討を加えていく必要がある」と提言し、これを受けて置かれた協力者会議 (教員養成系学部等の入学定員の在り方に関する調査研究協力者会議) の報告[4]に基づき、2005 年度から教員養成分野における抑制策は撤廃されるに至った。

---

3) 首相官邸ウェブサイト「総合規制改革会議」。http://www.kantei.go.jp/jp/singi/kisei/tousin/011211honbun.html
4) 教員養成系学部等の入学定員の在り方に関する調査研究協力者会議「教員分野に係る大学等の設置又は収容定員増に関する抑制方針の取扱いについて (報告)」(2005 年 3 月 28 日)。

表 7-1 「抑制五分野」のその後

分野	抑制策撤廃後の新設
医師	2016 年 震災復興の特例措置 1 校 (東北医科薬科大学)
	2017 年 国際戦略特区 1 校 (国際医療福祉大学)
歯科医師	(新設なし)
獣医師	2018 年 国際戦略特区 1 校 (岡山理科大学)
船舶職員	(新設なし)
教員	2005 年度から急増。本稿で詳述

　ちなみに「抑制五分野」のその後の展開については【表 7-1】のようになっている。

　教員養成分野が他に先駆けて、しかも特区等の限定なしに一斉に抑制策撤廃を行うことになった背景には、この五分野の中で最も大規模であるがために構造改革を強く印象づけるうえで好適であったこと、折しもいわゆる団塊世代の教員たちが大量退職の時期を迎えて教員需要の増加が見込まれること、さらには他の四分野と比べて学部等の新設に巨額の設備投資を要さないために参入が容易であろうこと、などがあろう。それに加え、抑制策撤廃の具体的手順の検討に際して省庁間の調整が要らないということも大きな要因として考えられる。医師・歯科医師・獣医師については厚生労働省、船舶職員については国土交通省、との調整が不可欠であるが、教員の需給見通しの検討とそれに合わせた高等教育の施策の展開は、いずれも文部科学省内で完結するのである。

　この抑制策撤廃以降、公私立の一般大学で小学校教員養成プログラムを新たに設けるところが急激に増加し、その一方で国立の教員養成系大学・学部 (≒旧師範学校) のシェアの低下が生じた。これは小学校教員養成分野における「開放制」の実質化と捉えることもできるが、ではこの構造改革で小学校の教員養成は改善したのか? と問うてみると、以下に検討するようにさまざまな弊害も生じており、残念ながら成功した施策ではないと見られる。以下、この抑制策撤廃とその後の変化について、主に課程認定行政との関係で見ていくことにしたい。

2. 小学校教員養成の「構造変容」

2.1 小学校教員養成の量的拡大

　文部科学省のウェブサイトには、「教員免許状が取れる大学一覧」が毎年掲載されており、また年度ごとに新たに課程認定を得た大学の一覧も示されている。そうしたデータを経年的に追うことで、免許種ごとに教員養成プログラムを提供する大学（プロバイダ）の状況がどう推移したかをうかがい知ることができる。

　2016年度の段階で、小学校教諭一種の課程認定を受けている四年制大学は【表7-2】に示すように国公私立234大学240組織である。ここで「組織」という捉え方をしているのは、課程認定が「学科等」の教育組織を単位として行われ、実際には「学科」「課程」「専攻」「コース」など多種多様な形態があること、および同一大学内で複数の教育組織が別々に課程認定を得ているケースがあることによる。

表7-2　小学校教諭一種の課程認定を得ている四年制大学（2016年度）

タイプ*		大学数	組織数**	組織数の内訳
伝統的 （〜2004）	養成系	47	47	国立教員養成系単科大学（11）・国立教員養成系学部（33）・私立（3＝文教・常葉・岐阜聖徳学園）
	一般大学	47	50+1	国立（7＝お茶の水女子・奈良女子・神戸・鳥取・富山・福島・山形＋1＝北海道教育〔函館キャンパス〕）・公立（2＝都留文科・愛知県立）・私立（41）
新規参入 （2005〜）	養成系	1	1	私立（1＝秀明）
	一般大学	139	141	国立（1＝筑波）・公立（2＝山梨県立・福山市立）・私立（138）
計		234	240	

（注）＊「伝統的」「新規参入」の区分は、当該大学が小学校教諭一種免許状の課程認定を最初に得た年度による。
　　＊＊複数組織で小学校教諭一種免許状に関わる課程認定を受けている大学が6校（カッコ内は課程認定を最初に得た年度）。
　　北海道教育大学：教員養成課程（1954）／国際地域学科（2006）＝函館キャンパス
　　東京福祉大学：社会福祉学部保育児童学科（2005）／教育学部（2007）
　　淑徳大学：総合福祉学部（2006）／教育学部（2013）
　　国士舘大学：文学部教育学科（1969）／体育学部子どもスポーツ教育学科（2008）
　　日本女子大学：文学部教育学科（1954）→人間社会学部／家政学部児童学科（1954）
　　鎌倉女子大学：家政学部児童学科（1964）→児童学部／教育学部（2007）

また、抑制策撤廃後の新規参入大学（新規参入プロバイダ）とそうでない大学（伝統的プロバイダ）の区分は、その大学が小学校教諭一種の課程認定を2004年度以前に得ていたか、2005年度以降に得たか、によった。

　それゆえたとえば北海道教育大学が組織再編を行った際に、岩見沢・函館両キャンパスの教員養成課程を廃して札幌・旭川・釧路の三キャンパスに集約しながらも、再編後の函館キャンパスに置いた国際地域学科地域教育専攻で2006年度から小学校教諭一種の課程認定を新たに得ているが、これは「伝統的」の方に分類している。

　また、「養成系」は教員養成課程（免許状取得を要件とする課程。全ての免許科目が卒業要件に含まれる）を持ち、設置基準上附属学校が必置とされるなど、その他の「一般大学」と異なる性格を持つのでこの表では分けて示しているが、実際にはもともとの教員養成課程を改組した国立大学（神戸、鳥取、山形、福島、富山など）には附属学校が引き続き置かれており、この区分も微妙である。

　この表に見るように、伝統的プロバイダ98組織の内訳が国立52：公立2：私立44であるのに対し、新規参入プロバイダ142組織の内訳は国立1：公立2：私立139となっており、新規参入プロバイダの大半は私立大学であることがわかる。

　一方、この抑制策撤廃の前年から2018年度までの免許状発行数の推移は【図7-1】のようになっている。中学校・高等学校の教員免許状発行数がいずれも2006年をピークに漸減傾向にあるのに対し、小学校教諭一種免許状の発行数はおよそ1.5倍、幼稚園に至っては1.8倍に達している。

　また、大学新卒者の小学校教諭一種免許状の取得状況の内訳を大学の設置者別に示すと【図7-2】のようになる。抑制策撤廃後の新規参入プロバイダの卒業生が出るにつれて私立大学での免許状取得者が増加し、2012年に国立大学を量的に上回ることとなる一方で、国立・公立大学による小学校教諭一種免許状の供給量はほぼ横ばいである。

　以上のように、2005年度からの抑制策撤廃以降、日本の小学校教員養成に

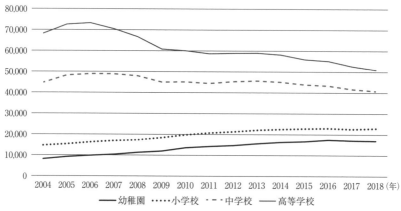

図 7-1　教員免許状の授与状況（一種・直接養成によるもの）

出典：各年度の「教育委員会月報」より算出。

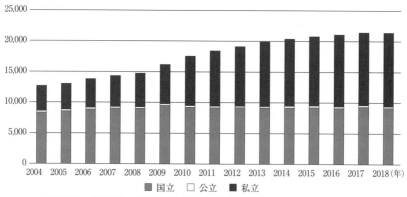

図 7-2　新卒者の教員免許状取得数（小学校一種・大学種別）

出典：各年度の「教育委員会月報」より算出。

おいて、プロバイダの数においても、免許状の発行数においても、明らかに規模の拡大が起こった。その増加分の大半は私立の新規参入プロバイダであり、結果的に小学校教員の供給構造において多数を占めるのがこうした私立の新規参入プロバイダになるという逆転現象が生じたのである。山崎博敏はこうした新規参入プロバイダや国立の教員養成系から転換した一般大学を「準教員養成大学」と呼び、伝統的プロバイダである国立教員養成系の供給力

の拡大が期待できない状況では「近い将来も継続する大きな教員需要に対して私立の準教員養成機関は大きな役割を果たすだろう」と指摘している（山崎 2013：19）。こうした「構造変容」が日本の小学校教員養成には生じているのである。

2.2　新規参入プロバイダの状況

では、そうした新規参入プロバイダにはどのような特徴があるのだろうか。これについては村澤昌崇が「小学校教員養成を担う大学の特性」についての量的データに基づく詳細な実態分析と検証を行っている（小方ほか 2015：19-38）。

村澤によれば、抑制策撤廃への感応性が最も高いのは私立大学で、なかでも学齢期児童数が多い都道府県にある機関であった。その理由は「市場原理を基とした行動故に、学齢期児童の多い地域に市場的価値を見いだして「経営合理的に」参入を決めたとも考えられる」とされている。またそうした機関の外形的特性に関わっては、「規模の面では一定の閾値内にあり、学部占有割合の高い、偏差値が50は超えるが最大値までには達しないような、いわゆる非研究大学」に小学校教員養成への新規参入大学が偏しており、「開放制」の理念のもとにおいても実際には「機能的分化」が生じていることを指摘している。

【表7-2】に示した新規参入プロバイダ 142 組織に関して、その組織を含む大学の学士課程（学部段階の教育組織）の設置年度別に示したものが【表7-3】である。

ここからうかがわれるのは、一部の伝統私学（課程認定制度が導入された 1954 年以前からの大学＝その多くは旧制からの高等教育機関）の小学校教員養成への新規参入が見られるもののその比重は小さく、逆に約 4 割（53 校）が 1990年代半ば以降に学士課程を設置した、大学としての歴史の比較的浅い教育機関であるとい

表7-3　新規参入プロバイダの学士課程創設年度

学士課程の設置年度	組織数
1954 以前	22
1955-1964	18
1965-1974	21
1975-1984	6
1985-1994	22
1995-2004	38
2005 以降	15

う事実である。

　当然のことながら、こうした新規参入プロバイダは、大学院の整備も遅れることになる。142組織のうち、その学部組織の上に大学院修士課程を有し、小学校教諭専修免許状の課程認定を得ているところはおよそ四分の一（36）にとどまる。

　これは、伝統的プロバイダである国立の教員養成系大学・学部が1990年代前半までに例外なくその上に大学院修士課程（教育学研究科）を設置し、小学校教員を大学院レベルで養成する体制を整えているのと対照をなす。

　以上を整理すると、2005年の抑制策撤廃以降の日本の小学校教員養成に関しては、〔A〕旧制度下の師範学校を主な母体とする国立の教員養成系大学・学部、〔B〕2004年度以前より小学校教員養成を行ってきた公私立一般大学（老舗一般大学）という二種類の伝統的プロバイダに加え、〔C〕2005年度以降に新規に小学校教員養成に関わる課程認定を得た新規参入プロバイダ（大半は私立大学）、の三種に大まかに分類でき、〔C〕が21世紀初頭以降の小学校教員の供給元としては最もメジャーになっていると捉えられる。

　ここで注意すべきは撤廃前の抑制策が、1980年代以降およそ20年にわたって続いてきたことによる、〔A〕〔B〕と〔C〕のギャップである。この間には教育職員免許法の大きな改正が二回（1988年・1998年）と、大学設置基準の大綱化（1991年）があり、日本の大学のありようが大きく変わっている。その変化の前後のギャップが、後述するような大学間の「温度差」を生むことにもなるのである。

3. 質保証策としての課程認定行政とその限界

3.1　課程認定の運用強化

　このような「構造変容」が進行するのとほぼ同時に、文部科学省・課程認定委員会による課程認定行政の運用強化がなされてきている。これは、主に官邸サイドの意向によって「規制緩和」が大胆になされて新規参入プロバイ

ダが激増したことを受けて、文部科学省サイドとしてはその事後の質的担保を行う必要性が増したことによる。さらにその背景には、第6章で見たように、教員免許状授与に際して国家試験等を課して全国一律に知識・技能を政府が直接に検定するシステムを持たないということがある。その一方で、「開放制」原則下で多様な大学が、多様な組織原理を持つ教育組織でそれぞれの教員養成プログラムを提供する中では、高等教育機関相互によるピアレビューを教員養成に焦点づける形で定着させるのも困難である。

　それゆえ、その「開放制」の法的根拠である教育職員免許法に基づく課程認定行政の運用を強化する以外に、全国規模で教員養成の質保証を実効あるものとして行う手立てが見いだしにくいという日本特有の事情が生じている。中央教育審議会においても、2006年答申で「認定後の教職課程について、実地視察の一層の充実や課程認定委員会の体制整備を図ることが必要である」と提案があったものが2012年答申ではさらに踏み込んで「実地視察の評価等が著しく低かったり（中略）その後の改善が見られない場合には、教職課程の認定を取り消すなど、是正勧告・認定取消のプロセスを明確化する」ことの検討が打ち出されるなど、運用強化の方向性は一貫している。さらに2017年に「教職課程コアカリキュラム」が課程認定と連動する形で設けられるという動きも、文部科学行政による課程認定行政の運用強化の延長線上に捉えうる。

　この、課程認定の運用強化に関しては、既にいくつかの先行研究（岩田2013、木内2013ほか）に詳述されているが、小学校教員養成の新規参入プロバイダに関わる主なポイントは、第一に、従前からの課程認定基準によって「教員養成を主たる目的とする学科等でなければ認定を受けることができない」とされていたその「教員養成を主たる目的とする学科等」の組織の定義、および第二に「教職に関する科目」等の担当教員が、それぞれの担当科目に「含めることが適当な内容」に相当する業績を持っているか否かの審査、の二点が厳格化されたことにある。

　第一の点に関しては、独立した定員を割り振って入試を別枠で行うことが

要請されるようになったのである。これは、上述の〔B〕に属する伝統私学においては、学部で一括して学生募集を行った後に、二年次から各専攻（小学校教員免許状取得につながる専攻を含む）に割り振る形が認められていた（例：聖心女子大学文学部）ものが、〔C〕においては認められていない（例：関西大学文学部）ことに明らかである。それゆえ、〔C〕の新規参入プロバイダにおいては、〔A〕〔B〕に比べ、小学校教員養成に関してより閉鎖性の強い教育組織を設ける必要が強まったのである。

　第二の点に関しては、課程認定委員会が 2011 年 3 月に示した「教育又は研究上の業績及び実績の考え方」の中にそのコンセプトが端的に表されているが、そこでは「認定を受けようとする課程の授業科目の担当教員は担当する授業の分野に関連した業績及び実績を有することが必要である」とされている。この運用が強化されてきているのである。具体的には、課程認定申請の際に、大学でそれぞれの科目を担当する教員は「教育研究業績書」（様式第四号）を提出し、その中にそれぞれの著書や学術論文等の概要を記すことが求められるが、その概要と担当科目の内容との関係が厳しく問われることになったのである。

3.2　ディシプリン不要の「教育学部」

　こうした課程認定行政の運用強化は何を帰結したのか。それは象徴的な言い方をすれば「教育学者なき教育学部」の生成である。

　ここで言う「教育学者」とは、大学院の博士課程において教育学研究者としてのトレーニングを積み、教育学研究のディシプリンを持つ、伝統的なタイプの研究者を指す。また「教育学部」とは、教員養成を主たる目的とする学部を指し、〔C〕の新規参入プロバイダにおいては教育学部のほかに児童学部・子ども学部等、名称にバリエーションがあるものの、前述のような課程認定行政の運用強化に対応して、小学校教員養成に強く目的づけた、閉鎖性の強い組織を設ける形となっている。

　では、なにゆえに「教育学者なき教育学部」が生まれるのか。それは主に、

〔C〕の新規参入プロバイダにとって、教育学研究のディシプリンを持つ教育学者を配置する必要がない一方で、必ずしも教育学研究のディシプリンを持たずとも教育現場での経験を豊富に持つ人材を大学教員として配置することが運営上大きなメリットを生むことに起因する。

　前節でみたとおり、新規参入プロバイダの大半は大学院を持たない。逆に〔A〕の国立大学は例外なく大学院教育学研究科（もしくはそれに相当する、小学校教員養成プログラムを提供する学士課程に接続する大学院）を持ち、〔B〕の大半も大学院（少なくとも修士課程）を置いて専修免許状の課程認定を得ている。国立の教員養成系大学・学部がその上に大学院教育学研究科を設置する場の設置基準にある教員定数は、文部（科学）省に設けられた「国立の教員養成系大学・学部のあり方に関する懇談会」が2001年に出した報告書においても、それぞれの学部組織の教員規模を検討する際の根拠として用いられており、おおよそ94人から百人強に相当している。言い換えれば、〔A〕の国立大学は、おおよそ百人規模で、大学院教育学研究科の研究指導を担うにふさわしい業績を持つ（修士指導教員の資格を持つ）研究者を抱える必要があるということになる。その後2004年に国立大学が法人化して以降は、教官定数という概念それ自体が消え、また大学院の設置も柔軟に行われるようになって事情は変わってきつつあるが、それでも大学院の研究指導を担うに足るアカデミックな業績を持つ人を一定数配置する必要を〔A〕の国立大学は持っている。

　しかしながら、大学院を設置せずに学士課程段階のみで教員養成プログラムを提供しようとする〔C〕の新規参入プロバイダにとっては、こうした大学院設置基準は無縁である。「教育学部」に「教育学者」が必要とはされない理由の一端がここに指摘できる。

3.3　課程認定行政の陥穽：「質」の不問

　前述のとおり、課程認定行政の運用強化において、担当科目と業績の対応関係に関しては厳しく問われるようになってきている。しかしながら、そこ

で問われるのは業績と担当科目の分野の対応関係に限られ、その質は問われていない。ここに課程認定行政のひとつの陥穽がある。有り体に言えば、役人が書類をチェックするというスタイルを基調としている限り「概要」に記されたキーワード等を手がかりに「どの分野に関する業績を持っているか」のチェックは可能であっても、「どういうクオリティの業績を持っているか」のチェックはできないのである。裏返して言うなら、課程認定行政では業績の質は不問、ということになる。

　課程認定委員会による「教育又は研究上の業績及び実績の考え方」（2011年）においては、いわゆる「実務家教員」について、「教員等の実務経験のある教員については、必ずしも著書や学術論文が求められるものではないが、著書や学術論文が無い場合には、大学や教員研修センター等での指導や研究会等での研究発表、校内研修での実務発表などにおける、実践的・実証的研究成果の発表記録や著作等を有することが必要である」とされている。ここから考えれば、必ずしもアカデミックな業績を持たなくても、当該分野に関する研修の実務などの実績が確認できれば、担当教員として適格だということになる。この点は、大学院の研究指導を担当する教員に求められる業績が、当該分野に関しての学会誌等の研究論文（同じ分野に属する研究者のピアレビューによる審査を経た、いわゆる査読論文）を中心とするのとは大きく異なっている。

　2016年度時点の課程認定基準において、小学校教諭の教職課程を有する場合の「教職に関する科目」の必要専任教員は、「教職の意義等に関する科目」「教育の基礎理論に関する科目」において1人以上、「教育課程及び指導法に関する科目（各教科の指導法を除く。）」「生徒指導、教育相談及び進路指導等に関する科目」において1人以上、「教育課程及び指導法に関する科目（各教科の指導法に限る。）」において1人以上の計3人以上とされている（入学定員50人までの場合）[5]。それぞれに、教職の専門性研究や、カリキュラム研究や、教科教育研究といった諸分野のディシプリンを身につけた研究者を配置せずと

5) 文部科学省初等中等教育局教職員課「課程認定申請の手引き（平成29年度申請用）」p.156。

も、教員研修の実務において「教員の服務」や「学習指導要領の解説」や特定教科の授業作りに関する指導行政などを担った経験のある者（指導主事等）で、その研修の資料等があれば課程認定行政上は適格である。最低必要な専任教員３名全てにこうした実務経験を有する（教育学研究のディシプリンを必ずしも持たない）人材を当てても、課程認定行政上何の問題もないのである。

3.4　新規参入私学の経営戦略

　一方、2005 年度の抑制策撤廃後に小学校教員養成プログラムの新規参入プロバイダとなった私立大学の立場からすれば、当然のことながらコスト・パフォーマンスを意識することとなる。この点については、村澤昌崇が既に、抑制方針撤廃への感応性が私立大学において高い理由として「私立大学は経済合理的に判断した結果、これら政策を契機として小学校教員養成へ参入するに値するようなインセンティブが生じた」「さらに、機関の定員充足状況の悪化が小学校教員養成参入を後押しした」ことに加え、「医歯薬系に比べれば安価な物理的インフラ投資で済み、法曹のようには資格取得のハードルが実質的には低いが、れっきとした専門職資格を「売り」にできると経営合理的に判断した」という分析を行っている（小方ほか 2015：31-32）。以下、このことを、「教育学者なき教育学部」に即して具体的に検討してみたい。

　教員養成系大学・学部においては、附属学校は設置基準上必置とされている。これは医学部に附属病院を置くのと同じく、学部教育と実践研究や実習をリンクさせるうえで、附属の学校が不可欠な存在であるという認識に基づく。それゆえ、【表 7-1】に示した国立 44 大学・私立 4 大学（文教・常葉・岐阜聖徳学園・秀明）には全て附属学校が置かれている。しかしながら〔Ｃ〕の新規参入プロバイダである一般大学にとって附属学校は必置ではない（同一の法人が幼稚園・小学校・中学校・高等学校を持つケースにおいても、これらは附属学校とは異なり、学部教育とのリンクは求められない）。それゆえ、教育実習の計画や実施は、外の学校、多くの場合はその大学の近隣の公立学校との協力関係に基づいて行われることになる。こうした際に、近隣の教育委員会で指導

行政に携わった経験を持っていたり、あるいは近隣の公立校で管理職経験を持っていたり、という経歴を持つ人材を「教職に関する科目」担当として雇用して配置することで、教育実習の計画や実施も円滑に行えることが見込まれ、一石二鳥の効果を持つ。

　先に引いた山崎の指摘にもあるように、日本の小学校教員の需要は当面は高水準が見込まれるが、決して安定的ではなく、量的な計画を立てての養成は困難である。それゆえ、需給動向の変動に対して柔軟な教員養成システムが望ましいということになる（山崎 2013：20）。だとすれば、新規参入プロバイダとしては、なるべく小規模の教育組織を、なるべく低いコストで運営し、状況次第では経営合理的に判断して転換を図りやすくしておく（小学校教員養成からの撤退、あるいは比重の縮小）ことが合理性を持つ。その際、教育現場での経験を豊富に持つ人材を大学教員として配置することのメリットは、上述のような教育実習等の、教育現場との連携が重要な意味を持つカリキュラムコンテンツの実施運営に有利なだけではなく、通常こうした人材は教育現場でのキャリアが長い分だけ年齢が高く、その分だけ流動性が高い（定年までの期間が短い）ことにも及ぶ。この点においても、大学院教育学研究科等で教育学研究者としてのトレーニングを受けてディシプリンを持つ教育学研究者を雇用することに二の足を踏む私学経営者が多いであろうことは想像に難くない。30歳前後で大学院教育学研究科博士課程を修了した博士学位保持者を教職課程担当者として定年まで雇用するよりは、60歳前後で学校経営や教育の管理行政に豊富な経験を持つ教員を数年単位の嘱託身分で雇用して教職関連科目のいくつかの担当に加えて実習などの際の現場との連携や採用試験対策などにも活用した方が、経営効率という面でははるかに得策であり、しかも課程認定行政（教育・研究のキーワードはチェックするがクオリティはチェックしない）さえ通ればそれが特に問題視されることはないのである。

　「教育学者なき教育学部」が成立しうる条件は、このような「開放制」原則下の日本の教員養成が展開されたうえに「規制緩和」が加わったことで生成されたのである。

4. 規制緩和の「効果」：小学校教員養成に生じた変化

4.1　新旧プロバイダ間の「温度差」

　では、こうした構造変容の結果、何が生じたのか。これについては今後の推移も見据えたうえで検討していく必要があろうが、これまでに判明しつつあるポイントをいくつか指摘しておきたい。

　一つは、【表7-4】に示すような、伝統的プロバイダ〔A〕〔B〕と、新規参入プロバイダ〔C〕の間の「温度差」である。1980年代から二十年あまり抑制策が続いたが、その前から小学校教員養成を行ってきていた大学群にとっては、大学設置基準の大綱化以前の原理で教育組織やカリキュラムが組まれ、また1988年以前の教育職員免許法に依拠する形で、教職関連科目のスタッフが配置されてきた。〔A〕においては国立大学時代の設置基準に沿う形で教科専門の教員が教職専門（教科教育を含む）よりも多く配置されてきており、また〔B〕においてはそれぞれの学部・大学院の専門に合わせた人員配置に加えてその時々の教育職員免許法の規定に合わせて科目担当者を追加する形での配置になっている。それに対し〔C〕では1998年以後の教育職員免許法で「教職に関する科目」の単位が大幅に増えたことを前提としての人員配置が最初から採られているのである。意思決定にしても、〔A〕〔B〕においては教授

表7-4　新旧プロバイダの「温度差」

伝統的プロバイダ （〔A〕国立養成系・〔B〕老舗一般大学）	VS.	新規参入プロバイダ （〔C〕大半は新興の私立大学）
大学設置基準大綱化以前 1988年免許法改訂前 （教科≧教職）	創設時の状況	大学設置基準大綱化以後 1998年免許法改訂後 （教職科目の大幅な増加）
「大学の自治」の伝統 （意思決定機関としての教授会）	大学運営	トップダウン型 （リーダーシップ強化）
アカデミックな業績がメイン （多くは大学院を設置）	教員スタッフ	相当数の「実務家」教員を含む （採用・研修行政に近い）
旧来の基準・運用での伝統 →運用強化との軋轢	課程認定対応	運用強化は所与の前提

会自治が機能していた時期を経験しているのに対し、〔C〕の大半はその後の高等教育政策の中でトップダウン型の大学経営が定着した時期に新たに設けられており、この点でも大きく異なる。

　課程認定対応という点からすれば、〔A〕〔B〕がそれぞれアカデミックな業績を基に教員を採用して配置し、その後厳しさを増してきた課程認定行政に抵抗を覚えながらもそれぞれ対応してきているのに対し、〔C〕については厳しくなりつつある課程認定行政を所与の前提として設置され、しかも教育行政に近い教員を多く含む形で教員組織が構成されているのである。

　このように見てくると、課程認定の運用強化はそもそも〔C〕の増加に対応した質保証策として求められながら、〔C〕の大学群はそもそもの創設時からそれに適応しており、運用強化は逆に〔A〕〔B〕の伝統的プロバイダとの間での軋轢を生んでいると捉えることができる。

　【図7-1】に示したとおり、中学校・高等学校の教員免許状授与数は減少傾向にある。この要因については今後の分析を待ちたいが、単に一般大学での免許状取得希望者が減ったという学生側の事情だけでなく、老舗一般大学で中学校・高等学校の免許状の課程認定を得てきたところのいくつかが、課程認定の運用強化による統制を忌避して改組の際などに課程認定を返上する動きが出ていることは看過できない。再び村澤の言を借りるなら「機能的分化」が生じた結果、教員養成に限らず広く人材養成を行ってきた老舗一般大学にとっては教職課程を維持するモチベーションを下げることになったのである。

4.2　新規入職者の動向

　では、抑制策撤廃後の新規入職者はどのように変化したか。

　【図7-3】は、抑制策撤廃後、2020年度までの公立小学校の採用試験受験者・採用者の数の推移を大学種別に示したものである（既卒者を含む）。教員養成系大学・学部出身の受験者はこの15年で半減しているものの、採用者数は5,000人程度を維持しており、その意味で安定的な供給を行っているとみることができる。一方、一般大学からの採用者はこの間に倍増しているものの、

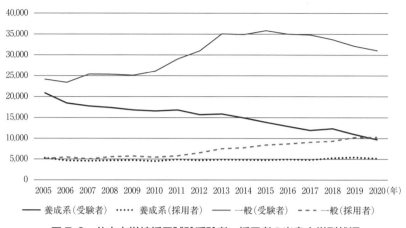

図7-3　公立小学校採用試験受験者・採用者の出身大学別状況

出典：文部科学省 website「公立学校教員採用試験の実施状況」より作成。

採用試験の受験者数は2015年度（35,826名）をピークに減少しつつある。これを【図7-2】（免許状取得数の推移）と合わせて見ると、免許状発行数の増加ほどには採用試験受験者が増えていないことがわかる。言い換えれば、新規参入プロバイダで教員免許を取得しても教職を志望しない（採用試験を受験しない）層が相当数存在し、その比率は伝統的プロバイダよりも高いということにもなる。それゆえ近年の小学校教員採用試験の低倍率の改善にはつながってはいないのである。

　こうした量的な面のほかに、質的な低下に関する指摘も見られる。先に挙げた村澤の分析においても、新規参入プロバイダの大学群が入試難易度（偏差値）的には一定の範囲に収まっていることの指摘がなされている。こうした、教員免許状取得者・教員採用試験受験者の学力問題については、今後に実証的な研究が待たれるところではあるが、たとえば毛利猛（香川大学教育学部）が人口動態面から解析したように、18歳人口の減少によってそもそも大学入学者全体の学力レベルが下がってきているという認識は多くの日本の教育関係者に共有される状況にある。毛利は「地方国立大学教育学部で教えていても、入学生の基礎学力が徐々に低下していることを感じ」ざるを得ず「中

堅以下の私立大学で教えている教員は、もっと強く感じているのではないか」
とし、そしてそうした事態は「出口における採用試験受験者の学力低下とい
う問題をも招来する」一方で「学校は厳しさを増しており、ますます実践的
指導力が求められている」採用現場のギャップが拡がりつつあると指摘して
いる（毛利 2020：204-205）が、この抑制策撤廃以降の教育委員会の動きの多く
は、そうした認識と符合するのである。

　その典型例は、東京都教育委員会が 2010 年に策定した「小学校教諭教職
課程カリキュラム」に見られる。主に教育実習に関わってこの動向を分析し
た山口晶子によれば、これは東京都教育委員会が各大学における養成段階で
身につけるべき「最小限必要な資質・能力」を示したものであるが、その内
容は「教員になるにあたって必要というよりはむしろ、社会人として当然の
振る舞い」と捉えうるものを相当に含んでいる。この点に関しては東京都教
育委員会の定例会でも「ここまで手取り足取りしないと、きちんとした先生
が出てこないのか」「そのようなことは、先生になりたい人が調べれば済む話
です、何もこちらで教えなくてもいいのではないでしょうか」等の意見が出
されている（山口 2021：180-181）。村澤の指摘するように、新規参入プロバイ
ダは学齢人口の多い大都市圏に集中する傾向にあり、この時点で都内では計
36 大学（国立 2・私立 34）が小学校教諭一種の課程認定を得ている。そうした
大学から多くの実習生を受け入れ、その中から採用試験に臨み、新採教員と
なる者も現れる中で、以前には想定しなかったレベルの免許状取得者・採用
試験受験者にどう対応するかという課題に直面することになった。その苦慮
した結果が「小学校教諭教職課程カリキュラム」なのではなかろうか。

　東京都教育委員会は同時に、東京教師養成塾の入塾希望者に対して第一次
選抜として小論文に加えて専門教養（各教科に関する知識事項中心）の筆記試験
を課すようになった。また、各大学からの推薦に際して従来から挙げていた
六項目に加えて「実用英語技能検定 3 級程度を取得していることが望ましい」

という一文が付されるようになった[6]。このような断り書き（英検3級≒中学卒業程度）をせねばならぬほどの低学力の志望者が相当数いたことのひとつの傍証になろう。

いずれにせよ、こうした動きは、抑制策撤廃以降の小学校教員養成プロバイダから輩出される教員たちの資質について、それ以前よりも低いレベルを想定した施策を教育委員会が採りはじめた、と解するのが妥当とみられる。先の教育委員の発言でいうなら、「先生になりたい人が（自分で）調べる」ということを期待できないがゆえに「手取り足取り」指示をする必要が増した、ということになろう。

4.3 「負のスパイラル」からの脱出へ

以上見てきたように、小学校教員養成に関しての「規制緩和」策として2005年度から行われた抑制策撤廃は、市場原理の導入による競争の活性化を通じての全体の水準向上を企図したものの、残念ながら奏功していない。「誤算」要因の主なものとしては、新規参入プロバイダとなった大学が一定の層に集中して「開放制」の持ち味を活かせず、優秀な学生の取り込みにつながらなかったこと、そして市場原理の下で新規参入プロバイダ間の「淘汰」が起きないばかりか逆に伝統的プロバイダの「離反」が懸念されるようになったこと、の二点が挙げられよう。

そして、東京都教育委員会の例で見たように、こうした状況下で教育委員会が採りうるのは、外側から行政的に大学や学生たちに要請を行う形にならざるを得ない。そもそも教育委員会は学生を教育する体制を持っていないのである。だから教師塾のような形で入職前の学生対象のプログラムを設けても、それは基本的には研修を担当する部局が初任者研修を前倒しする性格のものにならざるをえず、学生の学びを深めるよりは「服務規律」的な要請を厳しく課すことに傾きがちになる。そしてそうした性格の管理強化に違和を

---

6)「平成29年度　東京教師養成塾　入塾者選抜実施要綱」。

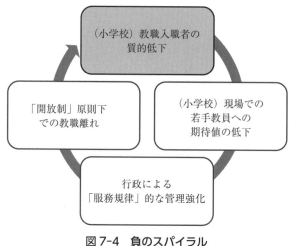

図7-4　負のスパイラル

覚える学生は教員養成プログラムに参加しない、あるいは参加して免許を
取っても採用試験を受けない、という教職離れが生じ、さらなる資質低下を
招く……というように、「規制緩和」によって生じた質的低下を起点とする
「負のスパイラル」【図7-4】が見えてくる。

　このスパイラルの構成要素の中で、政策によって転換可能なのは行政的な
管理強化の部分のみである。だとすれば、各大学が優れた学生を「教育学部」
に取り込む努力と並んで、いやそれ以上にこうした行政施策を転換すること
にソリューションが求められるのではなかろうか。

[付記]　本章は JSPS 科研費 JP17K04609 の助成を受けた研究の一環である。

終章
日本の「大学における教員養成」
―その展望―

　この章では、前章までで解明を試みた日本の「大学における教員養成」の展開過程を振り返るとともに、それらを踏まえ、今後に向けて日本の教員養成をめぐる布置関係を捉え直し、その先を展望する際の論点を探る。これまで錯綜を孕んで展開されてきた日本の教員養成を考え直すに際しては、そもそも「教師の学び」とは何なのか？という原点の問いに立ち戻り、そのうえで「教員養成プログラムを含む学士課程」全体を再構築していくことから、日本的布置関係を中長期的に展望していく方途が見えてくる。

1.「大学における教員養成」の日本的展開

　前章までに見てきた日本の「大学における教員養成」の展開過程について、改めて布置関係に着目しながら全体をまとめてみたい。

　日本の教員養成システムの最大の特色は「免許状授与の開放制」原則の下、大学の大半が教員養成プログラムを提供していることにある。これは、旧制度下の無試験検定許可学校制度という制度的な原基を持っていたうえに、戦後教育改革期に6－3－3－4の単線型学校制度に移行した際に多種多様な高等教育機関が「大学」に一本化され、さらにその後の高等教育の大衆化が比較的早期に進行し、教員養成の場の拡大が起こったものである。

　そうした場の拡大を踏まえての、高等教育政策の中で教員養成に焦点づけた質保証策は日本では講じられてこなかった。それは主に、教員養成プログラムを提供する大学群に多種多様な組織原理を持つものが混在し、同種の教員免許状を取得するカリキュラムの構成原理がさまざまであるがゆえに、それらを横断的に捉える有効な評価指標の設定が困難で、大学評価の枠組みに教員養成評価を含み込むことの困難があったことに起因する。

　ここで注意すべきは、旧制度の無試験検定における指定学校だった旧制大学の持つ既得権が、戦後に多様化した大学にも基本的に継承されたことである。教員免許状取得者の学力に関して中央政府が直接にチェックする仕組みが戦後に採られていないことの源は、この無試験検定制度が課程認定制度に転換した経緯に求められる（第5章）。付言すれば、この「既得権の継承」は免許制度の階層性と業務範囲の関係（二種免許状の業務範囲に限定がない←師範学校卒の小学校本科正教員免許からの移行）や、教科ごとの免許状供給のアンバランス（旧制の中等教育諸学校の多くの科目が戦後に「社会科」に統合されたために、中学校の課程認定は社会科が突出して多い）等、日本の教員養成システムのさまざまな場面にその名残が見出される。

　一方、戦後日本で教員養成を担うとされた「大学」においては、第2章に

述べたように、幅広い教養（リベラル・アーツ）を基層に置くことが求められはしたものの、教員養成に関わるプログラムの大学（学士課程）カリキュラムへの位置づけについてのコンセンサスが得られてはいなかった。それゆえ「教育学部」を構成しながらも教育学のディシプリンが基軸にはならない教育組織を多く含む形で教員養成が展開されることになった。他方、教育学の側においても、教員養成をどう位置づけるかについての議論の混沌は長らく続いており、コンセンサスは今もなお成熟途上である（第3章）。

　こうしたなか、中央政府が打ち出してきた一連の施策の多くは、残念ながら奏功していない。第4章で主に国立の教員養成系大学・学部の動向に即して検討したように、1980年代以降の教員養成課程の人員削減と大学院の拡大、さらには新課程の拡充といった一連の施策は、それらが確たる見通し（量的にも・質的にも）に立っていないこと、および特に専修免許状の制度設計に不充分さがあったこと（上位免許保持者に排他的な職域の設定がないなど）から、その成果よりは弊害が目立つ展開になっている。

　さらに官邸主導が強まる形で21世紀に行われた抑制策撤廃は、第7章にみたように、新規参入プロバイダが「教育学者なき教育学部」を含む特定の層の大学に偏したこと、「開放制」ゆえに免許状取得者の増加が教員志望者（教員採用試験受験者）の増加に直結していないこと、さらには市場原理による淘汰が生じていないこと、などから有効な解決策になり得ていない。

　かくして、中央教育行政においては課程認定制度の運用強化に、そして地方教育行政においては採用施策（およびそれに関連づけた「教師塾」的事業など）に、実質的に依存する度合いが高くなる構図が生まれた。しかしながら前者は事項的なチェックによるものであるがゆえに質保証策としては限界を持ち、後者はともすれば既存の教育行政の枠組みに依拠した人材の徒弟制的再生産に傾斜しがちになり、いずれも教員入職者の質的向上には結びつかない。これは言うなれば教員養成システムの「劣化」であり、第5章で触れたような代替ルートへの期待もこの「劣化」ゆえのものと捉えうる。

　以上の展開過程をまとめたものが【図終-1】である。そして、教員養成プ

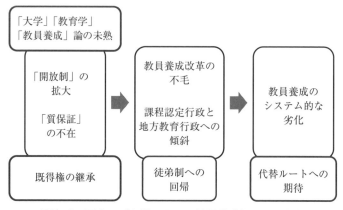

図終-1　日本の「大学における教員養成」の展開過程

ログラムを提供する大学群は、これまでに見てきたような日本的布置関係の中で、中央政府の繰り出す政策や地方政府の行政施策に対して従属的な位置（劣位）に置かれる状況が基調になっている。そうした布置関係にあって「大学における教員養成」原則は、こうした経緯で生じた教員養成システムの劣化の結果として生まれた教員入職者の質的確保の責任の所在を大学に求めるロジックとして作用するようになっているのである。

2. 今後の課題と展望

2.1　教師の「学び」の姿：「理論と実践の往還」

　こうした中で、今後の日本の教員養成をどう考えていけばいいのか。どうすれば「劣化」あるいは「負のスパイラル」（182頁）を反転しうるのか。「大学における教員養成」に依らない代替ルートの存在を意識しつつ、日本の教員養成において大学が担うべきものを以下、考えてみたい。

　まずは、教師になる者の「学び」のプロセスという原点を再確認することから始めたい。教員養成のプログラムについて、近年の日本では「理論と実践の往還」あるいは「理論と実践の融合」が基本理念として行き渡りつつあ

る。これは2006年の中央教育審議会答申の「補論」として付された「教職大学院におけるカリキュラムについて」の中で「これまで、ともすれば多くの教員養成カリキュラムにおいては、理論に関する科目と実践に関する科目とは区別され、理論的な諸科目は実習により自然に融合するはずとの考えに立ち、実践に関する内容は専ら学部段階の教育実習にのみ負わされていた」という認識のもとに「理論と実践の融合」が打ち出されたことの影響が大きい。

この「補論」をまとめた専門職大学院ワーキンググループの座長は横須賀薫が務めており、横須賀がかねてから批判していた「予定調和論＝とにかく教えておけば、あとは学生たちが自分の中で統合し、教師としての力量をもってくれるにちがいない」(横須賀1976：47) が三十年を経て政策として実現したものと捉えられる。教員養成カリキュラムの構成理念としては理論と実践の「融合」、教師の学びとしては「往還」ということになる（【図終-2】)。

教員資質について学校現場や教育行政サイドが求める「実践的指導力」は主に、実際に進行中の具体的な教育課題に対処できることを意味している。ただし入職後の教師たちの働く現場は、それぞれ固有の状況に枠取られており、教育課題の現れ方や対応が求められる優先順位、さらにはそうした課題を受けての支援スタッフの配置といった行政施策もそれぞれ異なる。同じ県の公立学校に採用されても、隣の市に異動するだけで働き方が大きく異なる

・教育課題を背景から捉える（基礎理論）
・課題を構造的に検討する（研究方法）
・発見した課題を解決に導く（PBL、探究型、active learning等）

高等教育的　教育行政的

教育課題の構造的把握　進行中の教育課題への対処

・行政当局によって重点課題や対応方針は決められる
・「決め打ち」された枠内で具体的に教育実践を行う（コンテンツ、ハウツー主体）

図終-2　教師の「学び」の往還

例は珍しくない。それゆえ全ての教育課題への対処を網羅的に身につけるべく入職前の教員養成カリキュラムを構成することはもとより不可能であり、その意味で前述の「実践的指導力」の要請は際限がない。

こうした「往還」における大学（高等教育機関）の立ち位置としては、個々の教育課題そのものからは距離を置き、むしろその構造的把握のための基礎理論や研究方法、さらには課題解決の手順への習熟（探究型、プロジェクト型等々）を主に提供し、入職後の教師たちが直面する諸課題を自ら発見し、分析し、対応し、解決に導く手立てを身につけてもらうことの支援を軸にすることになる（図の左側）。その先の部分については、当該地域の教育行政との関係で対応のあり方が決まってくる（図の右側）。

実際の教育現場においては、対応がさまざまにあり得る諸課題に対して、特定の施策が「決め打ち」された中で教師たちの実践が行われているが、その「決め打ち」された施策は時に見直しの必要が生じる（典型例としては学校選択制など）。その時に立ち戻るべきは基礎理論であり、課題を捉える研究方法であり、課題解決の手立てを自ら探る営みなのである。

この「往還」の双方を見据え、調和の取れた「学び」を教師たちに確保することが、教員養成カリキュラムの基本にあることを確認しておきたい。いわゆる「実務家教員」が大学に入ってケース・スタディを提供することの意義は、ケースそれ自体を蓄積する形の学びの支援ではなく、ケースの捉え方（研究方法）についての実践的な学びの支援にあるのである。

2.2 教師の「学び」のお膳立て・触媒としての教育学

教員養成のカリキュラムにおいて、重要な教育課題を扱う授業を新設して必修化するような改革は、一見わかりやすく外向きのインパクトもあるが、中長期的には自立した「学び」の主体としての教師を阻害するものになりかねないことに注意が必要である。先の図に即して言えば、重要な教育課題それ自体を事項的に学ぶ機会の提供以前に、「何が重要な教育課題か」を自ら見

出し、その見出した課題への対応を自ら探り、実践する力を獲得していく教師となりゆくお膳立てこそを大学が担うべきなのである。自らの学びを主体的に組み立てる経験を持たない教師が、入職後に子どもたちの主体的な学びを組み立てる素地を持ち得ようはずがない。

その際教育学は、教員養成プログラムの一つの構成要素としての教職関連科目としての役割のほか「教員養成プログラムを含む学士課程」全体のコーディネータの役割をも担うことになる。第3章（83頁）で見たように、日本学術会議は各学問分野の参照基準を策定しているが、そこで注目すべきは、言語・文学、家政学、地理学、文化人類学など、教育学以外の少なからぬ諸分野において教員養成との関連が言及されていることである。それは単に、当該分野における学問的研究成果を初等・中等教育を通じて還元する次元にとどまらず、たとえば「地理的認識や地理学的知識・技能は学校教育の目標に大きく貢献することから、この目標へ向かうために、初等中等教育の教員は地理学を学ばなければならない」[1]というように、教員資質の基層をなすものとして当該学問分野を位置づける次元にも及ぶ。

こうした各分野の動きを、単なる分野間の縄張り争いではなく、有機的に統合して教員養成カリキュラムを構成していく際の連携・協働の触媒となりうるのは教育学であり、逆に言えばそうした諸学問の連携・協働の触媒となるべく教育学が今後に発展されることが期待されるのである。

教育学のこうした側面は、当然のことながら中央政府の政策に近似しがちである。日本諸学振興委員会の教育学会が他分野に先駆けて設けられたこと（第3章69頁）はその端的な表れであるし、中国（本土）や韓国など東アジア諸地域の政府系機関に教育学研究のディシプリンを持つ研究者が関わる形になっているのもこうした教育学の政策科学性ゆえのことである。

戦後日本の場合、長く続いた「55年体制」のもとでの中央政府（文部省・自民党主導）による教育統制への対抗軸としての「国民の教育権」論を軸に戦後

1）日本学術会議（2014）「報告　大学教育の分野別質保証のための教育課程編成上の参照基準　地理学分野」（平成26年9月30日）https://www.scj.go.jp/ja/info/kohyo/pdf/kohyo-22-h140930-7.pdf

教育学が展開された経緯もあって（岩田 2015：242-243）、教育学が政策形成に直接的に関与してきた度合いは比較的低い。このことは、今後の教員養成カリキュラムを自律的に創っていくうえで大きなメリットを持つ。学習指導要領に謳われた事項や中央教育審議会で検討された課題を所与の前提としてなされる「決め打ち」的な教育研究ではなく、人間の発達プロセスや、それを支援する教師のあり方の原点に立ち戻っての内在的な課題設定に基づく教育学研究の素地が既にあるのである。その延長線上に諸分野の叡智を集め、人間の発達（市民一般の資質形成）を支援する教師たちの「学び」のお膳立てとしての教員養成カリキュラムを、政策科学的にではなく自律的に創造していく、その触媒としての教育学の役割が今後に特に重要になってこよう。日本の「教育学部」に教育学のディシプリンが根づいていないことについては第2章・第7章などで述べてきたところであるが、今後の教員養成カリキュラムを各大学が創っていくうえでは、教育学の果たす役割は大きいのである。

2.3 「大学における教員養成」の将来戦略

では、「開放制」原則下で多種多様に展開されてきた日本の「大学における教員養成」の今後をどう考えればよいのか。これを、これまで基調をなしてきた大学の「既得権の継承」を将来も続く前提で考えることは現実味を欠く。既得権が徐々に縮小していく展開を見据え、その際に「大学における教員養成」のより良質な部分を残し、今後の教育を担う優れた人材を大学経由で輩出し続けていくべく、大学がなしうる（なすべき）ことは何か。

ここでは、日本をはじめとする東アジアの教員養成システムが並列型である（序章 12 頁）ことを活かし、「教員養成プログラムを含む学士課程」全体の充実という点から、今後の可能性を考えてみたい。

前述の、教育学以外の諸科学との連携・協働という点に関しては、国立の教員養成系、なかでも単科の教育大学は、一つの「教育学部」の中に教科専門・教科教育・教職専門の三者が含まれており、一日の長を持っている。逆に一般大学、なかでも多種多様な学部を持つ総合大学の教職課程は、こうし

た点での連携・協働に関してはその組織の特性から難を抱えるものの、その分だけ多様な人材の取り込みを可能にするという利点を持つ。こうした多様な大学群が、このような全体像を共有したうえで、それぞれの持ち味を活かして「教員養成プログラムを含む学士課程」を魅力あるものとして構築していく営みが重要なのではあるまいか。【図終-2】の左側の「高等教育的」な部分は、大学の中で教職課程が専らに担うべきものではなく、学士課程全体で担うものと考えられる。そこに教育学がそれ自体として、および触媒として作用することでより豊かな「学び」を提供する形で学士課程全体が整備されれば、それは卒業後直ちに教員にならない者にとっても有益なものとなり、代替ルートとして想定される層を含むより広汎な人材を取り込むことにつながる。

　こうした方向性は、教員養成を主たる目的とする教育組織を求めてその管理を強めたり、教職志望の高い学生の獲得を求めたり、さまざまな形で教員養成プログラムの「純化」を求める日本の中央政府の政策とは隔たっている。しかしながら、代替ルートを求める通奏低音（第5章）で想定されている人材は、基本的に高等教育を受けた層である（高等教育を受けていない、たたき上げの職業人が想定されているとは読み取りにくい）ことを踏まえるならば、教員養成プログラム自体の充実と合わせ、このように政策誘導に従う形での「純化」ではなく外向きの展開をそれぞれの大学が自らの見識において行っていくことが重要である。

　もとより大学の使命は真理の探究にあり、その時々の政策を視野に収めつつ、その奥を見据えて教育・研究を行う、その営為の中に教員養成を位置づけていくことこそが「大学における教員養成」の真骨頂なのである。この原点に立ちもどることから、日本の「大学における教員養成」の布置関係の「歪み」を修正し、事項的統制の強化→教職離れ→さらなる資質の低下といった負のスパイラルを止める手立てが見えてくる。日本特有の「開放制」の持ち味はそこでこそ活きてくるのではなかろうか。

引用・参考文献

【日本語・中国語文献】（著者名日本語読み五十音順）

岩田康之（1991）「戦後教育改革期の教師教育をめぐる教養観の諸相─制度改革論議の位相と養成現場での模索─」『東京大学教育学部紀要』第 31 巻，pp.55-63。

岩田康之（2001）「教師の「専門性」研究の方法論的課題」『日本教師教育学会年報』第 10 号、学事出版、pp.67-71。

岩田康之（2004a）「統合型教員養成課程の現状と課題」『東京学芸大学教員養成カリキュラム開発研究センター研究年報』Vol.3、pp.63-72。

岩田康之（2004b）「小学校教員養成のメカニズムと「理科離れ」」『大学の物理教育』Vol.10 No.2、日本物理学会、pp.76-80。

岩田康之（2006a）「教員養成課程の規模に関する考察」『東京学芸大学教員養成カリキュラム開発研究センター研究年報』Vol.5、pp.51-60。

岩田康之（2006b）「教師教育の組織・カリキュラムの改革動向」東京学芸大学教員養成カリキュラム開発研究センター編『教師教育改革のゆくえ─現状・課題・提言─』創風社、pp.83-97。

岩田康之（2007）「「教職大学院」創設の背景と課題」『日本教師教育学会年報』第 16 号、学事出版、pp.33-41。

岩田康之（2008）「教育改革の動向と教師の「専門性」に関する諸問題」久冨善之編著『教師の専門性とアイデンティティ』勁草書房、pp.31-48。

岩田康之（2013）「教員養成改革の日本的構造─「開放制」原則下の質的向上策を考える─」日本教育学会『教育学研究』第 80 巻第 4 号、pp.414-426。

岩田康之（2021）「日本における教育実習の展開と研究視角」岩田康之編『教育実習の日本的構造─東アジア諸地域との比較から─』学文社、pp.11-40。

岩田康之・三石初雄編（2011）『現代の教育改革と教師─これからの教師教育研究のために─』東京学芸大学出版会。

岩田康之・別惣淳二・諏訪英弘編（2013）『小学校教師に何が必要か』東京学芸大学出版会。

岩田康之・米沢崇・大和真希子・早坂めぐみ・山口晶子（2019）「規制緩和と「開放制」の構造変容─小学校教員養成を軸に─」『日本教師教育学会年報』第 28 号、学事出版、pp.30-40。

上野ひろ美・松川利広・小柳和喜雄（2005）「教員養成におけるカリキュラム・フレームに関する予備的研究」『奈良教育大学教育実践総合センター研究紀要』Vol.14、pp.147-155。

王長純（2009）『教師発展学校研究』北京師範大学出版社。

王林鋒（2018）「中国における教員免許の国家資格化改革の展開と課題─全国統一試験の現状に着目して─」福井大学大学院連合教職開発研究科『教師教育研究』第 11 号、pp.9-17。

小方直幸・村澤昌崇・高旗浩志・渡邉隆信（2015）『大学教育の組織的実践―小学校教員養成を事例に―』高等教育研究叢書 129，広島大学高等教育研究開発センター。

海後宗臣編著（1971）『教員養成（戦後日本の教育改革 8)』東京大学出版会。

神奈川新聞報道部（2007）『いのちの授業―がんと闘った大瀬校長の六年間―』新潮社。

木内剛（2013）「近年の課程認定行政と大学の自主性・自律性」『日本教師教育学会年報』第 22 号、学事出版、pp.32-39。

経志江（2005）『近代中国における中等教員養成史研究』学文社。

黒澤英典（2006）『私立大学の教師教育の課題と展望』学文社。

黄嘉莉（2015）「台湾の教員養成制度―質保証の観点から」東アジア教員養成国際共同研究プロジェクト編『「東アジア的教師」の今』東京学芸大学出版会、pp.206-224。

高慧珠（2016）「「教師教育課程標準（試行）」公布以後の中国の大学の小学校教員養成カリキュラム」中国四国教育学会『教育学研究ジャーナル』第 18 号、pp.31-40。

駒込武・川村肇・奈須恵子編（2012）『戦時下学問の統制と動員 日本諸学振興委員会の研究』東京大学出版会。

崔浚烈（2015）「韓国における教員の能力向上方案」東アジア教員養成国際共同研究プロジェクト編『「東アジア的教師」の今』東京学芸大学出版会、pp.174-187。

佐藤秀夫（1974）「「近代学校」の創設と教員養成の開始」中内敏夫・川井章編『日本の教師 6 教員養成の歴史と構造』明治図書。

佐藤学（2005）「「教職専門職大学院」のポリティクス」『現代思想』33-4、青土社、pp.98-111。

臧俐（2013）「中国の「教師教育課程標準」の制定の意義と課題」『東京学芸大学教員養成カリキュラム開発研究センター研究年報』Vol.12、pp.17-26。

高野和子（2015）「イギリスにおける教員養成の「質保証」システム―戦後改革からの 40 年間―」『明治大学人文科学研究所紀要』77、pp.209-242。

高橋哲（2009）「教員―未完の計画養成」橋本鉱市（編著）『専門職養成の日本的構造』玉川大学出版部、pp.104-125。

田中征男（1995）『戦後改革と大学基準協会の形成』大学基準協会。

陳永明（1994）『中国と日本の教師教育制度に関する比較研究』ぎょうせい

土屋基規（2017）『戦後日本教員養成の歴史的研究』風間書房。

TEES 研究会編（2001）『「大学における教員養成」の歴史的研究―戦後「教育学部」史研究―』学文社。

寺﨑昌男（1983）「戦前日本における中等教員養成制度史―「開放制」の戦前史素描―」日本教育学会教師教育に関する研究委員会（編）『教師教育の課題』明治図書、pp.344-355。

東京学芸大学二十年史編集委員会（1970）『東京学芸大学二十年史―創基九十六年史―』。

戸田修三（1990）「日本における大学基準と大学評価の歴史」『大学設置・評価の研究』東信堂。

中島太郎編（1961）『教員養成の研究』第一法規出版。

日本教育大学協会「モデル・コア・カリキュラム」研究プロジェクト（2004）「教員養成の「モデル・コア・カリキュラム」の検討―「教員養成コア科目群」を基軸にしたカリキュラムづくりの提案―」日本教育大学協会『会報』第 88 号、pp.251-344。

丹羽健夫（2002）「教員養成系大学再編私案」『論座』2002 年 5 月号、朝日新聞社、pp.68-77。

橋本鉱市（2009）『専門職養成の日本的構造』玉川大学出版会。

東アジア教員養成国際共同研究プロジェクト編（2015）『「東アジア的教師」の今』東京学芸

大学出版会。

船寄俊雄（1998）『近代日本中等教員養成論争史論』学文社。

船寄俊雄・無試験検定研究会編（2005）『近代日本中等教員養成に果たした私学の役割に関する歴史的研究』学文社。

ブレイ，M. 著、鈴木慎一訳（2014）『塾・受験指導の国際比較』東信堂。

北京師範大学校史編写組（1982）『北京師範大学校史』北京師範大学出版社。

牧昌見（1971）『日本教員資格制度史研究』風間書房。

水田健輔（2007）「国立大学法人化後の人件費管理」国立大学財務・経営センター『国立大学法人化後の財務・経営に関する研究』報告書、pp.248-262

水谷修（2004）『夜回り先生』サンクチュアリ出版

毛利猛（2020）「少子化の中の教員養成と教育学—教員養成大学・学部の挑戦—」日本教育学会『教育学研究』第 87 巻第 2 号、pp.203-213。

山口晶子（2021）「日本の教育実習の評価」岩田康之編『教育実習の日本的構造 東アジア諸地域との比較から』学文社、pp.163-188。

山崎博敏（2013）「21 世紀初頭における学校教員の供給構造の変化—国立と私立の需要変化への対応—」『広島大学大学院教育学研究科紀要』第三部第 62 号、pp.11-20。

山田昇（1965）「師範学校制度下の「教育」科に関する考察」『和歌山大学学芸学部紀要・教育科学』第 15 号、pp.39-61。

山田昇（1971）「教職的教養の位置づけをめぐる動向」海後宗臣編『教員養成』東京大学出版会、第 3 章第五節。

山田昇（1993）『戦後日本教員養成史研究』風間書房。

山田美香（2011）『香港・台湾の教育改革』風媒社。

大和洋子（2012）「香港」小川佳万・服部美奈編著『アジアの教員』ジアース教育新社、pp.100-123。

横須賀薫（1976）『教師養成教育の探究』評論社。

義家弘介（2003）『ヤンキー母校に生きる』文藝春秋。

【英語文献（著者名アルファベット順）】

Advisory Committee on Teacher Education and Qualifications（2009）Professional Development for Beginning Teachers – An Induction Tool Kit（5th Edition）.

Education Bureau（2009）Legislative Council Brief–Institutional Development of the Hong Kong Institute of Education.

Hayhoe, R.（2002）Teacher Education and the University: a comparative analysis with implications for Hong Kong. *Teaching Education,* Vol.13, No.1, 5-23.

Hayhoe, R. and Li, J.（2010）The Idea of a Normal University in the 21st Century. *Front. Educ. China,* 5, 74-103.

Lai, K.C.（2009）Issues on"All trained, all graduate"for Teachers in Hong Kong SAR, *CCT Newsletter English Version,* No.1, the Curriculum Center for Teachers, Tokyo Gakugei University, p.1

University Grants Committee（2015）Report of the Review Group on the Hong Kong Institute of Education's Application for University Title.

あとがき

アラ還の論博

　私が修士論文『戦後教育改革の〈教師像〉—「教師の教養の質」の当事者認識—』を東京大学大学院教育学研究科に提出したのは1989（平成元）年1月9日であった。指導教官であった寺﨑昌男教授（現名誉教授）が附属の校長として「昭和」の終わりについて生徒たちにお話をされた日でもある。博士論文を神戸大学大学院人間発達環境学研究科に提出したのが2019（令和元）年7月8日であるから、修士課程修了から30年を要したことになる。

　神戸大学には、船寄俊雄教授（主査・日本教育史）・渡邊隆信教授（比較教育）・稲垣成哲教授（科学教育）・山下晃一教授（教育制度）に筑波大学の浜田博文教授（教育経営）を加えたマルチ・ディシプリンの体制で論文審査をしていただいた。私の拙い論文のモチーフを汲み取り、丁寧に審査され、的確な指摘をくださったこの五名の先生方にまずは感謝申し上げたい。論文博士については提出先や期限の制約がなく、どこに出すべきか迷いもあったが、神戸大学に提出するという選択は正しかったと今更ながら思う。

　岩田ゼミの大学院生たちに常々言っているように、私の学位の取り方は若手の今後の参考にはならないだろうが、以下備忘録も兼ねて記しておきたい。

教員養成のアクション・リサーチャー

　教育学の実践研究では研究者自身が対象に入り込み、深く関わりながら研究を進めるいわゆるアクション・リサーチの手法がよく見られるが、教員養成の「アクション」は教職志望の学生たちを直接相手にする実践のみならず、教員養成の組織運営に関わっての学内外の広汎な仕事に及ぶ。私自身に関して言えば、学部生・大学院生を指導する傍らで学内の度重なるカリキュラム

改訂のとりまとめ役を務め、日本教育大学協会・国立大学協会等の諸団体の事業や、中央教育審議会関連のさまざまな会議体にも関わってきた。教員養成課程の優秀な学生が教職以外の進路を選ぶ例も数多く目の当たりにしてきたし、課程認定の書類を取りまとめながらその理不尽さ（権威あるレフリー誌の論文を、担当科目のキーワードを含む別の業績に差し替えるお願いをするなど）も身を以て痛感してきたし、官邸が規制緩和を推し進める中で教職大学院修了者にインセンティブを付加しない形で落とし所をつける制度設計の議論にも参画してきた。そうした「アクション」の蓄積を、定年までカウントダウンとなったこの時期に、そろそろ研究的な文脈に乗せてまとめてみようか、と考えて学位取得→本書の刊行、と相成ったのである。

サバティカル（研究専念期間）

　最も大きな契機は、2017 年に得た約半年のサバティカルである。管理職任期の合間に出した研究専念期間取得申請をサポートしてくださった、当時の教員養成カリキュラム開発研究センター・大竹美登利センター長と研究担当・岸学副学長のお二人（いずれも現名誉教授）には深い恩義を感じている。

　秋学期の授業が終わった 2 月から香港中文大学伍宜孫書院の Visitor's Flat（沙田）に滞在し、香港教育大学（大埔）にも通いながら、主に本書第 2 章・第 6 章の内容に関わる資料収集やインタビュー等を行った。4 月イースターの休みに本州に戻り、その後は週末〜週明けは自宅、週半ばは神戸（主に六甲道駅近くの神戸大学学而荘）に滞在して大学院船寄ゼミで院生たちとともに指導を仰ぐ、という単身赴任者のような生活を 8 月まで送った。ここで序章と全体構成の見通しがつき、その後各パートを書き下ろす・既発表論文を再構成する、といった作業を進めていったのである。宇賀神一さん（神戸教育短期大学）・惟任泰裕さん（中九州短期大学）には、オヤジの一人飯は寂しかろうと毎週のように六甲でのアフターゼミにご相伴いただいた。この船寄ゼミのお二人と、隣の山下ゼミで、論文口述審査にも来てくださった太田知実さん（聖隷クリストファー大学）については、特記して謝意を表するとともに、かれら若い同学

者たちの今後の活躍を期待したい。

研究の相伴者たち

　学位は研究者個人のものではあるが、私の歩みを振り返ると共同研究からの学びが多いことに改めて気づく。第3章は私が1990年代に参加したTEES研究会で取り組んだ作業をまとめたものであるし、第7章は私が代表者として得た科研費で現在取り組んでいる「教員養成の構造変容」の共同研究の一環が基になっている。その他海外も含めさまざまな研究グループで得たものの蓄積が本書の基にある。ひとりひとりお名前を挙げることは叶わないが、多くの研究的友情に支えられてきたことのありがたみを痛感している。

　加えて、学生たちから得た研究的刺激も大きい。第2章の前半は、ある中国人留学生の「なぜ日本には師範大学がないのですか？」という問いに触発されたものであるし、また第7章の着想は、いわゆる新規参入プロバイダにフィールドワークに出たあるゼミ生が「教育学部なのに教育学者が誰もいないんです」と驚きの報告をしてくれたことを発端としている。東京学芸大学が、これからもこうした研究的刺激に満ちた場であり続けることを切に希う。

　学文社の落合絵理さんには今回もお世話になった。私のラフな研究を商品価値の見込める本に辛抱強く仕立ててくださったことに御礼申し上げたい。

　幸い心身ともに大きなトラブルに見舞われず、私生活もおおむね安定し、ここまで落ち着いて調べたり考えたりすることができた。気ままな研究生活を許してくれている妻と次世代の二人に感謝しつつ、今後もしばらくは教師教育の実践と、教員養成に関する外向きの発信とを続けていこうと思う。

2022年春節

岩田　康之

初出一覧

　本書の第1章〜第7章は、以下に示す既発表論文等を基に加筆修正したものを再構成している。また博士学位論文（要旨）については神戸大学学術成果リポジトリにて公開されている。

　http://www.lib.kobe-u.ac.jp/handle_kernel/D2003380

【第1章】岩田康之（2008）「第11章 近代日本の教師像と教員養成改革」労凱声・山﨑髙哉編『日中教育学対話Ⅰ』春風社、pp.327-369。

【第2章】岩田康之（2018）「日本の「大学における教員養成」の理論的諸課題—比較研究的視点から—」『東京学芸大学紀要 総合教育科学系Ⅱ』第69集、pp.499-508。

【第3章】岩田康之（1994）「新制大学発足期における「教育学」観—大学基準協会の動向を中心として—」東京大学教育学部教育哲学・教育史研究室『研究室紀要』第20号、pp.13-21。

【第4章】岩田康之（2018）「日本の「教育学部」：1980年代以降の動向—政策圧力と大学の主体性をめぐって—」『日本教師教育学会年報』第27号、学事出版、pp.8-17。

【第5章】岩田康之（2007）「新自由主義的教員養成改革と「開放制」—教員養成制度再構築の視角—」弘前大学教育学部附属教員養成学研究開発センター『教員養成学研究』第3号、pp.1-10。

【第6章】岩田康之・林敏潔（2015）「教育実習をめぐる大学・地方政府・中央政府の布置関係に関する考察」東京学芸大学教員養成カリキュラム開発研究センター『研究年報』第14号、pp.31-40のうち岩田執筆部分。

【第7章】岩田康之（2018）「「開放制」原則下の規制緩和と教員養成の構造変容（1）—2005年抑制策撤廃後の小学校教員養成の動向と課題—」東京学芸大学教員養成カリキュラム開発研究センター『研究年報』第17号、pp.49-56。

索　引

【著者紹介】

岩田康之 IWATA Yasuyuki

　1963 年　東京都生まれ
　東京大学教育学部卒、同大学院教育学研究科博士課程単位取得満期退学
　神戸大学博士（教育学）
　杉野女子大学（現・杉野服飾大学）講師、東京学芸大学助教授・准教授等
　を経て 2012 年より東京学芸大学教授・学長補佐、2020 年より同留学生セ
　ンター長（併任）
　主な編著書
　　『「大学における教員養成」の歴史的研究』TEES 研究会編、学文社（2001）
　　『現代の教育改革と教師』三石初雄と共編、東京学芸大学出版会（2011）
　　『教職論』高野和子と共編、学文社（2012）
　　『小学校教師に何が必要か』別惣淳二・諏訪英弘と共編、東京学芸大学出
　　　版会（2013）
　　『教員養成における「実践的」プログラム』三石初雄と共編、東京学芸大
　　　学出版会（2019）
　　『教育実習の日本的構造』学文社（2021）

「大学における教員養成」の日本的構造
　―「教育学部」をめぐる布置関係の展開―

2022年2月25日　第一版第一刷発行

　　　　　　　　　　　　　　　　　　　　　著　者　岩　田　康　之

発行者　田　中　千津子　　　〒153-0064　東京都目黒区下目黒3-6-1
　　　　　　　　　　　　　　　電話　03（3715）1501 ㈹
発行所　株式 学 文 社　　　　FAX　03（3715）2012
　　　　会社　　　　　　　　　https://www.gakubunsha.com

©IWATA Yasuyuki 2022　　　Printed in Japan　　　　印刷　新灯印刷㈱
乱丁・落丁の場合は本社でお取替えします。
定価はカバーに表示。

　　　　　　　　　　ISBN978-4-7620-3139-7

教育実習の日本的構造
──東アジア諸地域との比較から

岩田康之 編
金慜雅・早坂めぐみ・大和真希子・山口晶子 著

● 定価3520円（本体3200円＋税10％）
　ISBN978-4-7620-3069-7　A5判/208頁

日本の実習生たちや実習指導にあたる教員たちの抱える課題を、東アジア諸地域（中国本土・香港・台湾・韓国など）との比較を基に構造的に解明。実習の運営体制、実習生たちの意識、評価について、日本のありようを相対化、今後のソリューションを考える視点を与える。

「大学における教員養成」の歴史的研究
──戦後「教育学部」史研究

TEES 研究会 編

● 定価6380円（本体5800円＋税10％）〔電子版〕
　ISBN978-4-7620-1005-7　A5判/483頁

戦後教員養成の理念と法制、「教育学部」の成立・展開過程にかかわる諸問題を再整理。またそれらに基づく認識と提言をまとめた。「教員養成教育」「教育学教育」「教育学研究」を貫く原理と方法を求めた大著。

近代日本中等教員養成に果たした私学の役割に関する歴史的研究

船寄俊雄・無試験検定研究会 編

● 定価9900円（本体9000円＋税10％）
　ISBN978-4-7620-1382-9　A5判/598頁

中等教員養成に果たした私学の役割を、「許可学校」という制度から改めて振り返る。今日の課程認定の制度的な源であった「許可学校」制度の、許可にいたる審査の状況、とくに教員スタッフの履歴・業績についてを解明した大著。